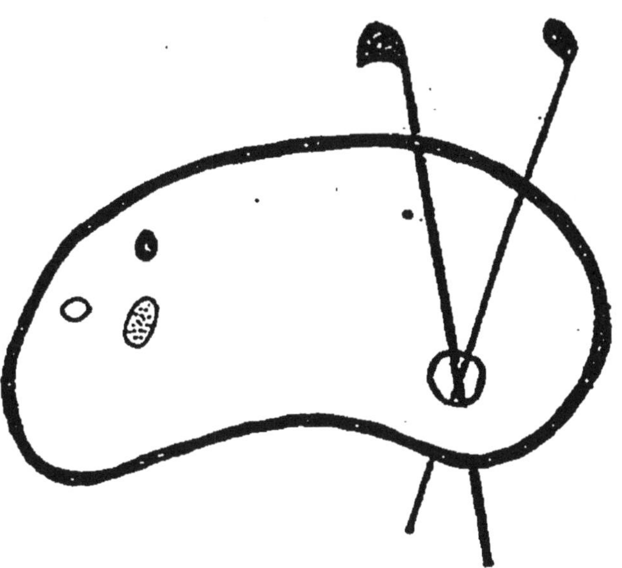

FIN D'UNE SERIE DE DOCUMENTS
EN COULEUR

LA JEUNE GRÈCE

MARIE ANNE DE BOVET

LA
JEUNE GRÈCE

PARIS

SOCIÉTÉ FRANÇAISE D'ÉDITIONS D'ART

L.-HENRY MAY

9 ET 11, RUE SAINT-BENOÎT

A SA MAJESTÉ

LE ROI DES HELLÈNES

*Ce livre est dédié
en témoignage respectueux
d'attachement et de dévouement.*

AVANT-PROPOS

C'est dix mois avant les événements actuels que j'ai visité la Grèce. Aux notes prises à ce moment je ne veux rien ajouter ni retrancher, dussent certaines des choses dites alors se trouver aujourd'hui contredites par les faits. Avec ce peuple dont depuis trois mille ans sont connus l'humeur mobile et le tempérament excitable, il faut toujours s'attendre à des démentis.

Si je prétendais avoir dès lors pressenti quelque chose de ce qu'il est advenu, le lecteur serait en droit d'y voir une facile prophétie après coup. Toutefois, il est positif que j'avais été frappée de la fascination exercée sur l'esprit des Grecs par l'idée panhellénique, qui, jusqu'au plus humble berger, est l'article de foi primordial de leur sentiment national très intense. Pour une part sans doute, ambition d'un jeune royaume

qui veut se faire sa place au soleil de l'histoire.
Non pas assurément en vue de renouveler l'empire d'Alexandre, mais de réaliser complètement
cette hégémonie vainement poursuivie aux âges
antiques et sombrée ensuite dans des siècles
d'oppression étrangère. Je ne vois rien là que
de fort honorable, et je m'étonne, en m'en
affligeant, de la colère mêlée de dédain généralement provoquée chez nous par ce vent de
bataille qui a soufflé sur la mer Égée.

La France cependant se targuait d'être une
nation généreuse. *Gesta Dei per Francos*, disaient
nos pères au temps des croisades. Et notre
patriotisme encore prend volontiers cette forme
naïve qui consiste à se croire supérieur au reste
de l'humanité. Cela est excessif. Il n'est pourtant pas niable que la France naguère ne res-
sentît pour les opprimés des sympathies allant
parfois jusqu'à tirer l'épée en leur faveur. Il est
actuellement si mal porté d'être Polonais, que je
n'ose rappeler les enthousiasmes suscités chez
nous par leurs luttes acharnées et héroïques.
Pour n'avoir pas voulu subir la domination au-
trichienne, la Hongrie a toutes nos tendresses.
A l'époque du jacobitisme, nous avions pris
parti pour l'Ecosse contre l'Angleterre. Notre

antipathie héréditaire pour la « perfide Albion »,
rancune persistante de la guerre de Cent Ans,
du bûcher de Jeanne d'Arc et de Waterloo,
nous range encore du côté de l'Irlande, bien
qu'ici ce soit une question plus sociale que nationale.

Et l'Italie, avec quelle chaleur n'avons-nous
pas embrassé la cause de sa libération et de son
unité ! Je ne suis point d'âge à m'en souvenir,
mais on m'a conté que le jour où Paris a appris
la rétrocession de Venise, Paris a illuminé, et
qu'on y criait par les rues — et non pas la ra-
caille : — « *Evvivà l'Italia una e libera !* » Quoique les grands mots emphatiques, Liberté et
Fraternité, ne fussent pas alors inscrits au fronton de nos édifices publics, l'empire, d'accord
avec l'opinion, n'a pas craint de verser le sang
français à Magenta et à Solférino pour l'indépendance italienne, de même qu'un prince royal
avait assiégé Anvers afin d'aider les Belges à se
séparer des Pays-Bas. La France impériale encore s'est montrée en Syrie, ayant eu l'innocence de prendre au tragique le massacre par
les Druses de quelques Maronites. Les Armé-
niens depuis nous ont blasés là-dessus, sur le sol
même de l'Europe, à trois journées de Paris...

Parlerai-je enfin de Navarin, de l'expédition
de Morée, de la légion des philhellènes? Et le
grand pays qui, en cette occasion, s'est fait le
champion du faible révolté contre le fort, c'é-
tait une monarchie autoritaire. On ne croyait
pas alors qu'il fallût être révolutionnaire pour
professer des sentiments magnanimes.

Voilà ce qu'a fait la France. Que dit-elle aujourd'hui?

Au début de la crise, j'ai lu dans un journal
des plus graves que « quand un enfant brandit
un revolver avec lequel il menace de blesser
quelqu'un, on a le devoir de le lui enlever par
la force ». Juger du droit des peuples en raison
de leur puissance numérique, voilà une doctrine
bizarre, en ce temps qui se pique d'avoir inventé le respect des petits. Sans compter que la
métaphore est singulièrement déplacée à propos
du vaillant pays qui a conquis les armes à la main
sa place sur la carte des nations. En attendant,
croquemitaine ne lui a rien enlevé du tout, et
a fait la grosse voix dans le désert. Aussi la
mauvaise humeur générale s'est-elle aggravée
du ridicule qu'il y avait dans l'impuissance
de ces six éléphants ligués contre un mouche-
ron. Ils avaient pour prétexte de l'empêcher,

dans son intérêt, de chercher noise à un adversaire trois fois plus fort. Mais ils n'ont rien empêché non plus. Et dans la langue familière de la conversation, le sentiment public se résume ainsi : « Ils nous ennuient à la fin, ces rastas qui se mêlent de troubler la paix européenne... Voyez un peu l'impertinence !... »

Le dédain des Français en général, et en particulier des Parisiens, pour les choses étrangères, est fait de beaucoup d'infatuation et de davantage d'ignorance. Volontiers il limite au peu qu'il connaît le monde civilisé, et cela le dispense de s'intéresser au reste. Quiconque a fréquenté ces divins parages des îles Ioniennes au Bosphore sait ce qu'il y bouillonne de passions nationales, d'ardeurs patriotiques, de vitalité et d'énergies de race, comme aussi dans la péninsule des Balkans, coin encore incomplètement organisé de l'Europe, à cause du trouble qu'y a apporté l'invasion des Ottomans. Arrêtée sous les murs de Vienne, la tache d'huile musulmane a reculé peu à peu jusqu'à ne plus embrasser que la Thrace, la Macédoine, l'Epire, quelques îles de l'Archipel. Aussi ne nous gêne-t-elle aucunement. Mais ces petits peuples du Levant, que nous traitons avec une condescendance méprisante, voici quatre siècles et demi qu'ils ont servi de tampon entre nous et l'Islam, et tous ne sont pas encore délivrés aujourd'hui d'une domination impatiemment supportée. Il nous est vraiment bien facile à nous, depuis douze cents ans en possession de notre existence nationale et de notre unité ethnique, de nous désintéresser des aspirations du panhellénisme. Quand Auguste avait bu, la Pologne était ivre... Que veulent donc ces turbulents personnages, qui alarment notre quiétude ?... Nous sommes loin du temps où la fleur de la noblesse française employait sa sève et ses loisirs à faire campagne contre le croissant, et où, en façon de déplacement de chasse, on partait pour l'éternel siège de Belgrade.

Non que j'eusse souhaité voir l'Europe mise à feu et à sang pour être agréable à la Grèce. Mais à défaut d'actes, de bonnes paroles coûtent si peu ! Que nous ne compromettions pas nos intérêts dans ceux du prochain, cela est légitime. Cependant pourquoi lui en vouloir de ce qu'il se préoccupe des siens plus que des nôtres ? Je ne veux non plus aucun mal aux Turcs, qui sont de braves gens à leur manière, laquelle, par malheur pour leurs sujets chrétiens, diffère extrêmement de la nôtre. Encore que cela soit d'un petit esprit et d'une âme vénale, je respecte même fort les intérêts financiers engagés dans la question. Il ne m'a jamais paru que le mot capital appelât nécessairement l'épithète infâme, ni que les riches n'aient pas aussi bien que les pauvres droit à l'existence. D'ailleurs, il ne s'agit pas seulement de la grande spéculation, mais aussi de tous les bas de laine qui se sont vidés dans les valeurs à turban, et pour qui l'effondrement de l'empire ottoman serait un lamentable désastre. Que l'Europe s'efforce donc de prolonger « l'homme malade », rien de mieux. Et la Grèce sans doute aurait tort de ne pas apporter de la bonne volonté dans le règlement de ce fâcheux différend. Elle-même d'ailleurs s'est peut-être engagée un peu à la légère. Si cependant sa témérité est une faute, du moins est-ce une faute généreuse, dont on peut essayer de la faire revenir, mais qu'on a mauvaise grâce à lui reprocher de façon si acerbe.

Dans le pays d'où j'écris ces lignes, l'opinion s'est nettement prononcée en sa faveur. « Il nous messiérait », disent les Italiens, « de blâmer chez les Grecs les ambitions pour lesquelles nous avons si longtemps combattu et avec autant d'ardeur ». Cela est fort sensé. Et au lieu que les Etats définitivement fixés se montrent sévères à une effervescence dout les éclats les gênent, ils feraient mieux de se reprocher la légèreté, l'aveuglement, l'indifférence, avec quoi ils ont laissé s'éterniser et s'envenimer des situations douloureuses, méconnaissant de justes revendications de liberté, de légitimes aspirations à l'unité, d'intrépides et inlassables efforts pour conquérir les biens dont eux-mêmes jouissent dans une sécurité égoïste.

A l'heure où ce volume est sous presse, la crise se trouve à l'état suraigu. Quelle qu'en doive être l'issue, lorsque je reçois d'Athènes certaines lettres enflammées de jeunes hommes que j'y ai connus, sceptiques aimables, brillants mondains, viveurs indolents, qui avant d'être appelés ont revêtu l'uniforme et fait parler la poudre — je me dis qu'en notre âge vieilli où vont se perdant les généreuses ardeurs et les nobles enthousiasmes, il est bon de respecter les jeunes peuples qui les connaissent encore.

Rome, 8 mai 1897.

M. A. DE B.

LA JEUNE GRÈCE

Il est des gloires pesantes. Telle celle de la Grèce, accablée sous les ruines de son passé. Certes, il était élu des dieux, ce peuple subtil et fort, pour avoir fait son histoire immortelle en des temps qui ailleurs sont noyés dans le gouffre noir de l'oubli. Par sa vitalité puissante, par sa magnifique floraison d'énergies humaines, par sa haute conception et son culte ardent de la beauté, la Grèce antique exerce sur nous, les enfants de son génie, une fascination impérissable, qui nous la rend héroïque jusque dans ses scélératesses. Cette terre où, aux confins de l'Orient, a germé l'intellectualité occidentale, est devenue une tombe vénérée, et en dépit de certaine iconoclastie moderniste, rageusement acharnée à faire table rase de tout ce qui nous a

engendrés, son prestige n'est pas près de s'éva
nouir.

Cependant les tombes ni les ruines ne sont
stériles. Entre les pierres écroulées, la végétation
croît verte et drue, réclamant sa part de soleil.
La Grèce d'ordinaire n'est visitée que par des
humanistes ou des archéologues, qu'hypnotise
la vision de l'antique au point de les rendre
aveugles au présent, et qui, en demandant
aux marbres morts des secrets millénaires, ou-
blient d'écouter ce que chante la nature très
vivante. C'est leur faute si, tellement proche,
elle ne nous est connue que par ses grands
noms légendaires. Ils passent à côté du plaisir
très vif de découvrir en quelque sorte un pays
extrêmement jeune en même temps que fabu-
leusement vieux, qui a ses sourires et ses grâces
fleurissant les austères débris de sa majesté foudroyée, auquel son isolement géographique, ainsi
que son long sommeil à travers les siècles, ont
conservé du caractère et de la couleur, où enfin,
à côté d'une modernité très intense, flotte encore
dans l'atmosphère paresseuse quelque chose de
la simplicité primitive des âges arcadiens.

C'est ainsi que je l'ai voulu connaître, rejetant
systématiquement toute documentation autre

que celle qui tient à la culture générale de l'esprit. C'est beaucoup déjà, car ne sommes-nous point pétris d'hellénisme, depuis la mythologie qui a été notre première lumière intellectuelle, et qu'une coupable aberration à prétentions scientifiques fait aujourd'hui rayer de l'éducation de l'enfance? Ce n'est pas les souvenirs de l'antiquité que je voulais poursuivre, résolue au contraire à ne les remuer que lorsque les lieux mêmes les feraient revivre à mes yeux. Me rendant en Grèce par une voie inusitée, voie nonchalante et flâneuse, il m'a semblé comme si, voguant à l'aventure, je l'avais trouvée sur mon chemin, bercée entre les eaux de saphir de la douce mer Ionienne et celles, de lapis, de la radieuse mer Égée.

I

DE L'ADRIATIQUE A LA MER IONIENNE

Le *Drepano*, sur lequel nous prenons passage à Venise, et qui s'en va dans la mer Noire, porte le nom archaïque, italianisé, de la fabuleuse île des Phéaciens, que les Grecs appellent Kerkyra et dont les Vénitiens ont fait Corfou. C'est par le chemin des écoliers que nous gagnons l'archipel ionien. Pour éviter le trajet de cinquante-deux heures de Paris à Brindisi, à partir de Bologne d'une si irritante lenteur, nous faisons, en outre de la route jusqu'à Venise, presque quatre jours de navigation le long de la botte, sorte de cabotage à interminables escales. C'est le système de Gribouille se jetant à l'eau pour n'être point mouillé.

Mais, dans la belle saison et quand on a le cœur endurci, une traversée est chose si exquise ! Le balancement du navire qui apaise, comme d'être bercés endort les enfants, l'harmonie très douce du ciel et l'eau, aux aspects sans cesse fuyants, toujours semblables et cependant infiniment divers, la sensation de mouvement sans effort, sans agitation et sans bruit à travers de grands espaces lumineux, où souffle largement l'air libre, sain et fort ; — c'est un bain de paix à qui s'évade des fièvres et des énervements de Paris. On ne voit personne, on ne pense à rien, on s'abandonne à ce *far-niente* absolu du bord, qui en aucun autre lieu ne se pourrait souffrir. Mais ici, une impérieuse, une irrésistible paresse s'empare de vous, corps et âme, vous jetant dans un engourdissement délicieux, détente complète des nerfs et des muscles, sommeil éveillé du cerveau, volupté singulière de la vie pour la vie, purement physique et passivement jouisseuse.

Ce paquebot est un des meilleurs de la compagnie Florio-Rubattino, qui vaut mieux que sa réputation. Nous y sommes presque seuls passagers et seules passagères, ce qui nous assure les faveurs exclusives du commandant. Il ne tient qu'à nous de nous croire sur notre yacht. Peu nombreux, Dieu merci, ceux assez fous pour prendre par le plus long, à cette époque de danse de Saint-Guy universelle, où les oisifs se croient obligés à s'essouffler vers un but, quittes, une fois atteint, à y bâiller du même désœuvrement qui les avait fait partir.

Lentement le *Drepano* descend le canal de la Giudecca. Au passage, on salue discrètement une gondole qui file, comme furtive, le long des Zattere, et où on a reconnu le roi Humbert, la reine, le prince de Naples. Contraste fortuit, mais curieusement symbolique, avec la masse formidable comme un navire de guerre, dans l'élégance de ses lignes sveltes et le faste de son blanc et or, de l'impérial *Hohenzollern* qui, au milieu du bassin de Saint-Marc, se balance orgueilleusement sur ses ancres.

Comme s'il avait regret à s'éloigner de la ville des doges, pavoisée en l'honneur de ses augustes hôtes, le vapeur glisse avec une lenteur extrême dans l'étroit chenal de la lagune, entre les grands vols de mouettes abattues à marée basse sur les fonds de sable habillés de varechs blonds. Graduellement le campanile, ce phare du marin vénitien, s'efface dans la vapeur bleuâtre ouatée de blanc d'une fin de journée humide. Passé le port San-Nicolo, qui coupe les *murazzi* de marbre brut, la douce Adriatique déroule son miroir céruléen, à peine frissonnant sous une légère et tiède bise crépusculaire.

Quand, après le dîner, on remonte sur le pont, on se trouve dans les lourdes ténèbres d'une nuit sans lune et sans étoiles, entre les deux gouffres de l'eau et du ciel que trouent deux lueurs pâles : en bas, le sillage d'écume du navire, semblant une coulée de plomb fondu ; en haut, vers l'occident, une barre livide sous un échevèlement de nuées noires. On est en plein large, les côtes italiennes séparées de celles d'Illyrie et de Dalmatie par cent milles de plaine liquide, et on se sent délicieusement loin et seuls.

Sous un ciel gris, où d'aigres rafales printanières chassent et tordent de gros nuages crevant en grains froids, Ancône ne paraît pas dans son caractère. Mélancolique d'ailleurs comme les choses déchues, cette ancienne villégiature des cardinaux romains, dont les sévères palais, délaissés et mornes, portent le deuil des temporalités pontificales. Mais elle garde fière mine avec, au sommet de l'amphithéâtre que forment ses maisons pressées au flanc du roc, la massive coupole lombardo-byzantine de San-Siriaco dominant la vaste mer, glauque aujourd'hui comme celles du nord.

Ah ! bien oui, ce lac doux et berceur de l'Adriatique... Un caprice, et au matin le voilà hérissé de petites lames courtes et rageuses, vous donnant tout à coup, avec la sueur froide et le cercle de fer autour du front, ce dégoût du matériel de l'existence, qui seraient précurseurs d'une catastrophe, si on ne la conjurait en se hissant sur le pont dans un élan d'énergie. C'est beau. Le ciel purifié, le soleil allume d'une lumière un peu froide encore des côtes blanches et vertes, lavées par la pluie, les vagues moutonneuses, crêtées d'écume, semblant autant de saphirs sertis dans un filigrane d'argent.

Bari. Un aspect d'Orient déjà, cette blancheur de chaux vive, de plâtre frais et de marbres polis par les embruns. Vieille ville délabrée où, autour de la vénérable église de Saint-Nicolas, protecteur des marins, des prisonniers et des esclaves, d'étroites rues tortueuses et de sordides venelles qu'enjambent arcades et portiques, montent, raides et rudes, entre des palais à cortile, loggia et balustres, la façade encore sculptée d'armoiries, dégradés et souillés par l'incurie, l'abandon, la misère. Graves et bruns comme de petits Arabes, les enfants à moitié nus grouillent fraternellement avec les maigres chèvres et les poules étiques.

Les femmes, dont le visage pâli par la malaria, et qu'incendient de grands yeux d'un noir d'enfer, offre cette pureté d'ovale et cette finesse de traits héritées du sang grec, glapissent des hauteurs extrêmes de leurs voies aiguës. Les hommes, à trompeuse physionomie de brigands calabrais, paressent sur les places. En bas, géométrique et blanche, éventée de toutes parts, la ville neuve s'avance comme un coin dans la mer dont, à chaque extrémité des voies larges et remplies de soleil, on aperçoit un pan indigo.

De l'orage, par cette bise plus que fraîche... Tant mieux, la pluie abattra le vent, l'ennemi. On s'endort avec cet agréable espoir. Au milieu de la nuit, réveil brusque par la dégringolade de tous les objets laissés en liberté dans la cabine, qui dansent sur le plancher une folle sarabande. A quatre pattes, non sans peine, il faut rassembler son butin et l'arrimer de son mieux. Réintégré dans sa couchette, on a peine à s'y maintenir, tant le roulis fait rage, avec accompagnement en basse grondante de paquets de mer frappant à grands coups sourds le bordage du navire, qui gémit et craque jusque dans ses fondements. On s'endort cependant, et quand, réveillé par l'immobilité, ainsi que par le grincement de toutes les chaînes du bord, on se lève, faute de pouvoir prolonger sa nuit trop courte, on est dans le port de Brindisi.

Trop longue vraiment, une escale qui, depuis six heures du matin, nous fait attendre jusqu'à minuit l'arrivée du train que nous aurions pu prendre. Chassés du bord par le lavage général et prolongé qui suit cette horrible opération de faire du charbon, cause de tant de vacarme, nous errons dans la ville, à la recherche d'un intérêt qui ne s'y trouve point. La colonne antique marquant le terminus de la voie Appienne éveille des souvenirs de Rome, où on l'a vue commencer, entre les tombeaux. C'est insuffisant pour occuper l'œil et l'esprit toute une mortelle journée. Plutôt remonter à bord et y jouer enfantinement avec Fanny, la petite chienne épagneule du commandant, qui jamais ne daigne descendre de sa passerelle, ou bien avec le gros mouton familier de l'équipage, « Don Ciccio », qui, ne connaissant pas moins bien son poste, ne quitte point l'entrepont, drôle de bête se frottant à vous comme un chat et croquant des cigarettes en manière de friandise.

On a vite gagné le soir, entre ces intelligentes occupations et la contemplation de la vaste rade déserte, où mouilleraient plusieurs escadres à l'abri des deux longues cornes qui l'avaient fait nommer par les Romains la Tête-de-Cerf — terres rouges et sables jaunes par-delà lesquels, au travers de buissons d'aloès, de bouquets d'oliviers grêles et de pins décharnés, éclate l'indigo du large, atténuant la valeur du ciel, moins intense, que remplit un soleil enfin méridional.

Tiède et unie, la nuit qui nous amène dans les chaudes eaux grecques. Quand on ouvre l'œil, ce qui s'aperçoit par les hublots triomphe d'un coup d'habitudes invétérées de paresse, et fait maudire les exigences d'une toilette qu'on a le préjugé, encombrant en voyage, de ne pas vouloir réduire à sa plus simple expression.

Dans la fraîcheur claire et joyeuse du matin, c'est un éblouissement.

Le canal d'Otrante est bleu comme une mer de féerie. Tandis que par tribord s'estompent les contours indécis de l'île de Samothraki et de l'aride rocher où la tradition place le royaume de Calypso, rangée d'assez près à bâbord se dresse, âpre, nue, farouche, la chaîne d'Albanie, les premiers plans baignant dans le flot leurs rudes assises de roc rouillé, et s'élevant par ressauts heurtés jusqu'aux sommets déchirés par la foudre qui leur ont valu des Grecs le nom de monts Acrocérauniens. Ils portent encore leur manteau de neige, radieuse blancheur étincelant dans l'or du soleil.

Bientôt des rives souriantes viennent faire contraste à cette sauvage et mystérieuse Epire. C'est Corfou, allongeant ses collines boisées aux ondulations molles, qu'ourlent des sables blancs où vient mourir la vague. Resserré entre ces terres si dissemblables, la Grèce et la Turquie qui se regardent face à face, le canal de Butrinto semble un serpent aux chatoyantes écailles bleues et vertes glacées d'argent.

On vous dira que la baie de Corfou rappelle celle d'Ajaccio. Nous avons tous cette innocente manie de rapprochements qui sont puérils. Toutes les baies se ressemblent sans doute, étant faites de terre, de mer et de ciel, avec un port, une ville, des rochers, souvent une forteresse. Cela n'empêche que chacune possède son charme et sa beauté propres, résidant principalement dans l'infinie variété des harmonies de lignes et de couleurs. Rien de plus malaisément définissable que la personnalité des lieux; rien cependant qui s'impose plus fortement. C'est pourquoi le voyage offre des images éternellement renouvelées. C'est aussi pourquoi celui qui a le tort de les vouloir fixer d'une plume impuissante, doit borner son ambition à donner au lecteur non l'idée ce qu'il a vu, mais le désir de l'aller voir à son tour.

II

CORFOU ET LES CORFIOTES

Le débarquement au mouillage est d'ordinaire une opération assez insupportable, parmi toutes ces embarcations qui harcèlent les flancs du bâtiment comme les taons ceux d'un cheval, avec la crainte de voir ses colis tomber à l'eau et le souci de n'y point choir soi-même. L'amabilité d'amis encore inconnus nous en épargne l'énervement. N'est-il pas charmant, à peine l'ancre tombée, d'être appréhendés par des gens qu'on n'a jamais vus, qui se présentent au milieu du brouhaha, vous jettent dans les bras des bottes de roses et de violettes de Parme, sourire de bienvenue de cette terre bénie où avril est déjà l'été, enfin vous enlèvent dans le canot de la Santé, lequel, sous la protection officielle du pavillon national, accoste au

rivage sans que vous ayez à passer sous les four-
ches caudines de la fâcheuse douane ? En outre
de la petite vanité qu'on ressent toujours à user
d'un privilège, c'est un avantage très positif
d'être dispensés de ces soins matériels qui rompent l'enchantement d'une arrivée.

Resserrée entre l'éperon de roc de la vieille citadelle, qui lui fait une double rade, et la colline
des forts Neuf et de Saint-Sauveur, réunis par des
courtines ruinées et des bastions croulants où le
lion de saint Marc a laissé sa griffe, la ville de
Corfou est étroitement tassée sur elle-même,
comme toutes celles des pays méridionaux,
soucieuses d'ombre et de fraîcheur.

C'est déjà une ouverture sur l'Orient, cette première flânerie à travers les ruelles sombres,
dallées, sans trottoir, bordées d'arcades basses,
qu'encombre une population bigarrée, bariolée et
grouillante. Sauf, dans la rue Nicéphore, quelques
boutiques où s'étalent les splendeurs très rela-
tives de marchandises « à l'instar », ce ne sont
qu'échoppes, les enseignes grecques panachées
d'italien, que, vestige de la domination vénitienne,
parlent encore tant bien que mal la plupart des
habitants. On y voit même quelques mots d'anglais, survivant au protectorat. Les barbiers

abondent, et, au-dessus de leur porte, un bras
suspendu, qui envoie un jet de sang dans une
palette, témoigne qu'ils sont aussi « chirur-
giens », comme en ces temps naïfs de médecine
sommaire où l'on se portait si bien. Accroupis à
l'orientale sur leur établi, des ouvriers travaillent nonchalamment le cuir fauve ou rouge. Et
puis, en quantité, des éventaires de comestibles:
chapelets de figues embrochées très serrées
et semblant des saucisses, oranges et citrons,
arbouses, caroubes et jujubes, petites fraises
sauvages, noisettes grillées, amandes et pistaches sèches, raisins de Corinthe, olives noires,
des herbes vagues, des sucreries douteuses, des
pâtisseries inquiétantes, des fritures nageant
dans l'huile, de petits poissons frais pêchés,
encore frétillants, dans les couffins de jonc.

Une nuée de petits changeurs étalent sous un
grillage le crasseux papier grec auprès des pias-
tres et des médjidiés de Turquie, et le billon de
tous les pays méditerranéens, la pièce d'or,
aussi rare qu'un diamant, minutieusement pesée,
mesurée, éprouvée. Autour de ces rudimentaires opérations financières, ce sont d'interminables palabres, calmes mais acharnés, entre le
Grec rusé, le Juif tenace et l'Albanais têtu, des-

cendu de la montagne pour acheter de l'épicerie commune ou de la colonnade grossière, et vendre sa maigre vache noire ou brune, de la taille d'un veau.

Ils sont d'allure pittoresque et de mine assez superbe, ces pasteurs encore un peu brigands, dans leur costume que les pallikares grecs ont emprunté aux Arnautes d'Epire. La foustanelle de calicot plissé, évasée comme une jupe de ballerine, leur donne un déhanchement suggestif de la danse du ventre, en singulier désaccord avec leur haute taille, leurs formes athlétiques, un peu lourdes, et leurs triomphantes moustaches de pandours. Turque est la courte veste, le plus souvent bleue ou beige brodée de noir, ornée de plaques, d'agrafes et de chaînes d'argent, avec de fausses manches flottant derrière celles, bouffantes, de la chemise blanche ; mais bien grecques les guêtres de drap, qui ont exactement conservé la coupe des cnémides antiques. La petite calotte rouge, ni fez ni chechia, et l'énorme ceinture-sacoche en maroquin, gonflée de tous les objets hétéroclites contenus dans ses nombreux replis, y compris un poignard, mais non un mouchoir, complètent leur accoutrement, avec parfois, pendant en travers des épaules, une épaisse toison de peau de chèvre aux poils blancs, roux ou gris, aussi longs et soyeux que ceux des fourrures du Thibet. C'est leur manteau, leur couverture et leur matelas, leur parapluie aussi et même leur parasol, car ils s'en servent indifféremment contre la chaleur, l'humidité et la bise.

Plus rustique, le paysan corfiote, indolent et bonasse, empêtré dans son immensément ample culotte de cotonnade bleue, avec des molletières en feutre blanc, une casaque de gros drap bleu par-dessus le gilet brodé de couleurs vives, assez semblable à celui de nos Bretons. Puis voilà ces étranges Vlaques, nomades venus des basses rives du Danube, et répandus par toute la Grèce à la suite des moutons dont leur appartient presque exclusivement l'élevage. En leurs indescriptibles loques de laine qui n'a jamais dû être blanche, des sandales aux pieds, assujetties par des courroies autour de jambes dont on ne sait si elles sont nues, à les voir si velues et couvertes de crasse, de boue et de poussière ; coiffés du bonnet de forçat, rouge ou blanc, ou bien en peau de mouton pelée ; noirs, hirsutes, des physionomies rusées et sauvages de bohémiens, ils feraient peur au coin d'un bois. Au demeurant pourtant, les meilleurs fils du monde.

Sont-ils Maltais ou Calabrais, Illyriens ou Siciliens, Maures même peut-être, ces déchargeurs de navires, en caleçon roulé au-dessus du genou, le torse maigre moulé dans un tricot de marin, noueux, nerveux, musculeux, hâlés, tannés, brûlés, dont le cou court, le front bas, l'expression brutale, le vide animal de leur regard noir, allant avec une certaine finesse de structure et une molle nonchalance qu'ils mettent jusque dans leurs rudes gestes de portefaix, font des sortes de gladiateurs dégénérés? Tout ce qu'on sait, c'est qu'ils sont citoyens hellènes. Mais tant de races ont passé dans ces îles Ioniennes, depuis les Phéaciens de la fable et les Corinthiens qui les ont colonisées, les Athéniens, les Lacédémoniens, les Macédoniens, les rois d'Epire et ces tyrans de Syracuse qui se les sont disputées jusqu'à la conquête romaine, les pirates sarrasins et dalmates, les aventuriers normands, les flibustiers catalans, les grandes compagnies navarraises, la chevalerie franque des croisades, les Angevins de Naples et de Sicile, Venise enfin, à qui elles se donnèrent, et qui quatre siècles durant les garda contre les

Turcs, mais sans empêcher les descentes des écumeurs de mer de tout rang et de tout poil... C'est une inextricable confusion ethnologique qu'il serait sans espoir de s'essayer à démêler.

Bien d'autres types encore se coudoient dans ce port, d'aspect plus levantin que ne l'y autorise la géographie. Matelots de la Méditerranée, de l'Adriatique et de l'Archipel, têtes recuites de forban, des anneaux d'or aux oreilles, leur débraillage crasseux en contraste avec la belle tenue nette, en leurs frais vêtements de toile blanche, des hommes de l'équipage du *Miramar*, le yacht de l'impératrice d'Autriche.

Moins militaires, les fantassins qui flânent par le bazar, quelquefois aidant complaisamment un fruitier à écosser ses fèves, tout gringalets dans la petite veste étriquée à collet rouge, qui, avec le pantalon gris bleuté de l'infanterie belge et italienne, cumule la grande et la petite tenue. Ils portent leur képi à la diable et le ceinturon bouclé très lâche, laissant pendre le coupe-chou beaucoup plus bas que l'ordonnance. Puis ce sont les *pappas* bedonnants et barbus — privilèges exclusifs du clergé en ce pays de chats maigres — la robe à larges manches, luisante d'usage et qui serait noire si les intempéries ne l'avaient verdie ou roussie à s'y tromper, serrée par une ceinture de laine bleue, orange ou violette, leurs longues boucles roulées en chignon sous le bonnet en forme de double décalitre, afin d'être mieux frisées aux offices. Ils circulent, leurs enfants à la main, et font leur marché : du saindoux, un cervelas, une tranche de fromage mou, quelques poissons secs.

A petits pas pressés, furtifs, comme mystérieux, passe un Juif de Salonique ou de Syrie, en large robe de velours bleu bordée de fourrure jaune, un mouchoir blanc tordu comme un turban autour d'une sorte de mortier de feutre noir. A sa suite nous entrons dans le quartier de ceux de sa race, qui comme partout, quoique les chaînes tombées, a conservé l'aspect d'un ghetto. De hautes maisons lépreuses, gibbeuses, galeuses, suintant la crasse et la peste, rongées d'humidité et de vermine, et tout au long de ces noires venelles, des boutiques de drapiers et d'orfèvres où sont embusqués des yeux luisants, des nez crochus, de longues mains sèches et prenantes dont les ongles sont des griffes, ces mains de rogneurs d'or où Rembrandt, en les peignant si bien, a mis la synthèse d'Israël.

Dans cette cohue d'humanité, peu ou point

de femmes. L'Islam déjà, où elles ne prennent aucune part à la vie extérieure, sans que leur rôle à l'intérieur en soit plus actif, tout au rebours. Quelques Albanaises, si toutefois elles peuvent passer pour des échantillons du sexe dit beau ou dit faible, ces longues et plates créatures, noires, osseuses, musclées, hommasses, informes dans une longue chemise de coton blanc fort sale, cachant mal leurs maigres jambes nues, et par-dessus, une grossière dalmatique en drap feutré bleu, noir ou marron, à rudimentaires broderies jaunes ou rouges, que maintient non pas une ceinture, mais une sous-ventrière en cuir à clous de métal. Combien superflue la préoccupation de pudique réserve qui leur fait ramener à demi sur le visage le mouchoir blanc coiffant leur rude tignasse de crin noir, vierge du peigne !..

De deux maisons l'une, un petit café borgne, où, souvenir de l'occupation britannique, la bière coule à côté du raki, du mastic et du vin résiné. On boit peu d'ailleurs, souvent rien que de l'eau, et la moitié des clients ne consomment pas du tout, quelques-uns jouant d'interminables parties de cartes dont l'ardeur les arrache à l'indolence ambiante, mettant une flamme dans ces yeux sombres, une moiteur sur ces fronts bronzés, d'autres les regardant faire avec presque autant de passion. Grouillement à vide, piétinement sur place, flânerie sans fin des pays du soleil.

C'est ici la ville populaire. Pour voir le beau monde, il faut, grimpant une rampe dévorée de soleil, dont les hautes maisons blanches et vertes dominent la rade éblouissante, gagner par la porte Saint-Michel l'Esplanade qui s'étend, très vaste, plantée d'arbres assez chétifs, au pied de la citadelle. Démantelée lors de l'évacuation anglaise, elle a été formidable, cette place vainement assiégée par le corsaire Barberousse, et la statue du maréchal de Schulembourg, élevée à son entrée par Venise reconnaissante, commémore l'héroïque défense qu'y soutint cet officier de fortune au service de la République contre le sultan Achmet, lequel y laissa quinze mille morts. Il serait méséant d'oublier que, pendant six ans, une garnison française y a été bloquée, le général Donzelot n'en ayant ouvert les portes, sans avoir capitulé, qu'après la signature du traité de Paris. C'est aujourd'hui une vaste caserne, et les pacifiques remparts herbus, hérissés, au lieu de canons, d'aloès et de cactus, y sont fleuris d'anémones, de géraniums et de pourpiers.

L'Esplanade est le cœur de Corfou. Sous les arcades qui la bordent d'un côté se trouvent les cafés élégants, ce qui est peu dire, et les deux hôtels, très fréquentés par des Anglais, bien entendu, mais aussi beaucoup d'Autrichiens. L'ancienne résidence du lord commissaire, devenue palais royal, y développe sa longue façade à colonnade, fâcheusement noircie par les pluies d'hiver. Le matin terrain de manœuvre, à la fin du jour, c'est le lieu d'assemblée de la bonne compagnie corfiote. Indéfiniment, en long, en large, en travers, on se croise et s'entrecroise, échangeant force œillades et des coups de chapeau ininterrompus. Les officiers y font fort bonne figure, sonnant des éperons et traînant leur sabre sur le pavé, en l'honneur des belles dames et des jolies filles, qui, comme en tous pays, réservent à l'armée leurs meilleurs sourires. Et cette promenade, tournant en un cercle éternel, se prolonge le long de la mer sur le boulevard auquel on a donné le nom de l'impératrice Elisabeth, par où la ville s'évade de son étroite enceinte pour former le faubourg élégant et moderne de Kastridès, aux gaies maisons roses

et bleues, citron et pistache, voire sang de bœuf,
avec des volets verts.

La vie indolente des Corfiotes est réglée comme
une horloge. Hors la garnison et les fonctionnaires, tout le monde ici est propriétaire, négo-
ciant en huile ou en vin, ou bien banquier,
sinon tout cela à la fois. On se lève tard, s'étant
couché tôt. Ceux qui ont quelque chose à faire
travaillent pendant deux heures. Dîner à midi,
selon des habitudes caduques, sieste prolongée,
encore un petit tour du côté de ses affaires,
si elles sont exceptionnellement actives. De
cinq à sept on fait son persil, et puis les stations au café, à lire les journaux et parler
politique, toujours demeurés les ergoteurs de
l'Agora, au verbe sonore et vain. Et tout au long
du jour les énergies s'évaporent dans la fumée
bleue des cigarettes sans cesse renouvelées, de
ce tabac blond de Thessalie, vaguement opiacé,
qui engourdit comme les parfums du datura et
de la tubéreuse.

Souper d'une frugalité toute lacédémonienne :
une laitue aux œufs, une sardine, des olives, des
figues, du fromage de chèvre. Puis au théâtre.
Des troupes italiennes d'ordinaire, jouant le
drame et la comédie, pièces françaises plus ou

moins tripatouillées, quelquefois l'opéra. Salle
bien de province, toutes les loges louées à l'année, un orchestre où messieurs les officiers ont
leurs fauteuils attitrés, et où un juge ne prendrait
point place parmi les commis. Atteinte de la
mégalomanie qui a mené la Grèce à la banqueroute, la municipalité de Corfou avait commencé
la construction d'un théâtre grandiose, que le
manque de fonds a laissé inachevé, fort heureusement, car la ville entière n'eût pas suffi à le
remplir.

La mondanité est rare et sur un pied de grande
simplicité L'hiver, quelques dîners de gala et de
petits bals auxquels la jeunesse des deux sexes
adjoint les leçons de danses prises en commun ;
l'été, goûters à la campagne et déjeuners sur
l'herbe ; en toutes saisons, de fréquentes fêtes
de famille, les parentés grecques étant indéfiniment étendues et extrêmement unies. Des
concerts souvent. Les Corfiotes possèdent plusieurs philharmonies rivales dont ils ne sont pas
peu fiers. De loin en loin un séjour à Athènes; à
Constantinople aussi, seconde capitale des Grecs
qui tous y possèdent quelque parent. Et puis il
n'est guère de famille qui ne se soit dépaysée à
un moment pour faire des affaires à Vienne ou

à Londres, à Smyrne ou à Alexandrie, en Russie, en Roumanie, en Amérique, aux Indes. Aussi, en outre du français, ce volapuk des pays du Levant, parlent-ils presque tous bien ou mal une ou plusieurs langues. S'il est vrai que le cosmopolitisme élargisse la vision et la compréhension, c'est à cela sans doute, ainsi qu'à la souple subtilité de leur race, que ces Grecs mâtinés de Vénitiens doivent d'être d'esprit fort avisé et bien informé en beaucoup de choses.

Secoué par sa chorée chronique, le Parisien naïvement s'en étonne, devant ces existences retirées et unies, que sa blague facile compare à celle des mollusques. Il ne songe pas que lui, de son côté, n'est pas sans analogie avec un échappé de Charenton. On porte en soi l'esprit ou la sottise, et partout est d'exception la véritable et féconde activité intellectuelle. Ceux qui ont des penchants réfléchis et studieux trouvent dans tous les milieux moyen de les satisfaire. Quant aux autres, plutôt avoir le courage de son indolence que la masquer sous les superficiels dehors d'une activité puérile. Je sais un magistrat de Corfou qui occupe les loisirs de sa charge — la cour d'appel ici siège deux heures par semaine — à traduire en grec Mme de Staël. Cela ne vaut-il pas la chasse aux vernissages et aux répétitions générales, qui pour l'infatuation boulevardière représente le critérium de la célébrité?

III

A TRAVERS L'ÎLE D'ALCINOUS

Comment ne se point abandonner à la mollesse de vivre, sous ce ciel béni où, dans sa grasse fécondité, la nature même semble nonchalante? L'île d'Alcinoüs est un immense bois d'oliviers, s'étageant en terrasses et se déroulant en pentes douces, dans une parfaite eurythmie de lignes et de couleurs. Ce n'est pas sans raison que les Grecs, avec leur sentiment si juste et si subtil de la beauté, avaient divinisé cet arbre, patricien par l'élégante fierté de son port, la subtile finesse de ses gris verdissants, la suprême distinction de son exquise pâleur. Pour en bien sentir le charme pénétrant, il faut avoir vu ces troncs millénaires, robustes, noueux, comme tassés sous le poids des siècles, semblant vidés de sève et se soutenant presque par leur seule écorce sur des racines tordues et décharnées, mais qui s'épanouissent sur le bleu ardent du ciel dans l'éternelle jeunesse de leur gracile feuillage d'argent, immortel comme les dieux. Et sous leur ombre légère et transparente, le soleil tamisé en une caressante lumière mauve fleurit l'herbe parfumée de menthes, de sauges et de verveines, de scabieuses, d'anémones, de narcisses, de cyclamens et d'orchidées sauvages.

Aucune clôture. On s'y promène comme en un vaste parc et les propriétés s'enchevêtrent de telle sorte que, pour s'y reconnaître lors de la cueillette des olives, sur les limites les arbres sont marqués de rouge ou de bleu au chiffre de leur propriétaire. Cette mer grise et verte ondulant à perte de vue est coupée de pièces de vigne, de petits champs d'orge, de maïs, de fèves, mangés de coquelicots et de boutons d'or, et que défendent contre les chèvres des barrières d'aloès, dont les lames acérées sont enroulées de liserons roses, et d'énormes cactus aux larges raquettes épineuses, entre lesquelles rougeoient gaiement de petits géraniums. Puis, entourés de haies d'églantiers et d'aubépine, de riches vergers où, à côté des figuiers tors, des néfliers

velus, des légers amandiers, des cognassiers
effeuillant leurs blancs pétales, les orangers et
les citronniers portent les fruits mûrs de l'année
précédente avec les fleurs fraîches écloses de la
saison nouvelle, épanchant les ondes de leurs
senteurs amères et grisantes. Au long des routes,
au coin d'un champ, aux abords d'un puits, des
rideaux de noirs cyprès et de pâles eucalyptus,
des buissons de syringas, de myrtes et de lauriers-roses, de ces arbres de Judée qui, sans
feuilles, font un énorme bouquet pourpre. Glissant entre les myosotis et les pervenches, les iris
bleus et jaunes, les ajoncs à fleurs d'or, de clairs
filets d'eau vont mourir dans les parties basses
où croît le chanvre fétide et d'où, à la tombée
du jour, montent avec une blanche vapeur des
frissons de fièvre. Non pas la fièvre blême qui
dessèche et qui ronge, mais cette langueur morbide qui, en énervant le corps et en engourdis-
sant l'esprit, est presque une volupté.

La volupté de la paresse, à laquelle le Corfiote
se livre avec délices. Ici le sol est entièrement aux
mains de propriétaires, dont les paysans ne sont
que les métayers. Hormis la vigne, pas d'autre
culture que celle nécessaire à la consommation
locale. De deux années l'une, l'olivier donne ses

fruits, et tant qu'ils mûrissent lentement, on n'a
pas à s'en occuper. Les amateurs de statistique
se plaisent à savoir que l'île possède cinq mille
trois cent six oliviers par kilomètre carré, ce qui
fait quarante-sept par tête d'habitant et un total
respectable de trois millions huit cent mille...
qu'ils me pardonnent : j'ai oublié les centimes.
Les pâturages naturels, gras et savoureux, suffi-
sent aux moutons et à un tout petit bétail à
cornes. Le paysan a fort peu à faire, et ce peu,
c'est le plus souvent sa femme qui le fait.

A l'imitation des mœurs albanaises, elle suit à
pied l'âne ou le cheval que l'homme monte en bât,
entre les outres ou les fagots, ce que, nous dit-on,
jamais nous ne verrons en Grèce. Cela choque à
peine, tellement elles semblent plus vigoureuses
que leurs mâles, ces belles créatures solidement
plantées, un peu courtes et massives, dont la petite
veste en drap brodé, largement ouverte sur la
poitrine, met en valeur des formes plantureuses,
dessinées par la chemise que serre au-dessous
du sein une ceinture de cuir à grosses agrafes
d'argent, la laissant retomber en cascade blanche sur le tablier de laine de couleur vive. De
type lourd et inexpressif, avec de grands yeux
placides de ruminants, jeunes, elles sont assez

jolies dans l'éclat de leur teint mat et doré.
A voir les énormes tresses qui s'échafaudent
laborieusement sur leur tête, nattées de ruban
rouge, on croirait à une fantastique opulence
capillaire, si on ne les découvrait à la fois noires,
blondes et châtaines. Cette volumineuse coiffure
est l'apanage des jeunes mariées, qui portent
les chevelures mal assorties de leurs aïeules
défuntes.

A l'exception d'une fabrique de cartes à
jouer dans la ville, cette île heureuse est sans
aucune industrie, pour la plus grande joie des
yeux. Exclusivement rurale, la population se
groupe dans des villages fort propres, la plupart
à mi-côte. Ces gens paisibles y vivent de peu,
ne s'intéressant guère à la terre, dont pas un
pouce ne leur appartient, chômant consciencieusement les deux cents jours fériés, ou peu s'en
faut, du calendrier orthodoxe, lézardant sous
leur soleil, indolemment heureux dans la
riante mollesse de ce climat où l'hiver n'est
qu'une humidité tiède.

Leur gaieté même est endormie. Ils dansent
beaucoup, mais aussi graves et solennels que
s'ils accomplissaient un rite sacré. En leurs
atours de gala, jupe de soie vert pomme, bleu

paon ou orange, la veste turque de velours rouge
ou violet richement brodée d'or et d'argent, le
tablier bariolé et garni de paillettes, la guimpe
de dentelle sur laquelle ballottent des colliers de
corail et d'aventurine, d'énormes boucles aux
oreilles, de lourds bracelets aux poignets, les
femmes sont alignées deux par deux, trois par
trois, entrelaçant leurs gros doigts bruns chargés de bagues massives, ou bien se tenant par
les coins d'un mouchoir rouge ou jaune déployé.
Et à petits pas pressés, tantôt en avant, tantôt
en arrière, elles dessinent une sorte de farandole lente, les yeux obstinément baissés vers la
terre, d'un air de pudeur et de chasteté en singulier désaccord avec cette suggestive torsion des
hanches et du ventre qui fait le fond de toute
chorégraphie orientale.

En tête de la colonne, leur faisant face, deux
ou trois hommes, non moins flegmatiques, es-
quissent des pas vagues, à reculons, le rythme
marqué par la plaintive et indécise mélodie que
racle sur son aigre crincrin le ménétrier, tout en
jetant des petits cris aigus et en se livrant à de
brusques pirouettes, sans doute dans le but,
auquel il ne parvient point, d'animer la danse.
La sueur coule sur leurs visages sérieux à faire

peur, jusqu'à épuisement de forces vives. Alors ils reprennent haleine un instant, en silence, puis recommencent de plus belle, des heures durant, le village faisant cercle autour d'eux, recueillis comme à vêpres. Et dans les intervalles de repos, des jeunes gens tirent des coups de fusil, sans que le fracas des détonations ni la griserie de la poudre les fasse se départir de leur impassibilité. Il paraît que cela les amuse infiniment.

Exquis après-midi passé dans une de ces maisons de campagne des propriétaires corfiotes, si agrestes et charmantes. Au milieu d'un jardin tout en iris blancs et mauves, avec un parterre de rosiers et des bosquets de myrtes et de magnolias, la maison toute blanche, coiffée de tuiles roses, enguirlandée de clématite et de jasmin, accostée d'une treille ombrageant une grande table de marbre. Autour, la futaie d'oliviers. Sur un mamelon rocheux, parmi les buissons de genévriers et de caroubiers, les murailles effondrées, informes, d'un vieux château vénitien, célèbre dans les annales familiales pour avoir été le séjour de la sultane Quartano, enlevée par les Barbaresques, devenue favorite de je ne sais plus quel Soliman ou Sélim et mère d'un sultan Mourad ou Moustafa. Ici ces choses semblent toutes naturelles, comme aussi, l'autre jour, ce banquier me parlant tranquillement de son grand-père qui a été pendu. Mais c'est à Chio, par les Turcs, au temps de la guerre d'indépendance, et si les Grecs portaient des armoiries, ce gibet y figurerait glorieusement.

Le domaine de Khammona se targue d'avoir joué un rôle dans la mythologie. Auprès d'un petit moulin, où le maïs broyé sous des meules aussi primitives qu'au temps de la guerre de Troie, donne sa belle farine jaune d'or, un bassin clair ourlé de pâles roseaux passe pour être le lieu de la rencontre d'Ulysse avec Nausicaa. Si la royale lavandière revient le hanter, c'est sous la forme horrible d'une vieille sorcière en rupture de sabbat, qui jamais ne parviendra à blanchir ses immondes guenilles.

Tout arcadienne, la collation de lait caillé, de miel, de confitures sèches, de figues et d'oranges, avec des petits pains à l'anis, servie dans l'ombre fraîche d'une salle à manger très rustique, sur une nappe semée de feuilles de lierre. Le thé qui l'accompagnait y mettait une discordance s'ajustant bien avec le caractère de l'amphitryon, aimable vieux garçon dont la brillante jeunesse remonte au temps de l'occupation britannique, alors que la suprême élégance corfiote était de s'angliciser de son mieux. Il y est si bien parvenu, qu'il se pique de parler grec avec l'accent anglais. Nous n'en pouvons juger. Mais il en va de même de son français, tellement que l'entretien verse dans la langue de Shakespeare. Aujourd'hui c'est l'italianisme qui est de bon ton dans l'île des Phéaciens.

En nous ramenant à la ville, notre hôte nous montre, isolée dans un champ, à l'ombre rare d'un bouquet de cyprès, « son église ». Toute famille corfiote qui se respecte a la sienne, érigée pour honorer Dieu, pour en faire sa sépulture, surtout pour affirmer son crédit et son bon renom. Cela nous explique pourquoi elles pullulent ici, et infiniment petites. Assez délabrées d'ordinaire, leur enduit vert-nil, bleu-ciel ou rose-brique s'écaillant sous le soleil, le caractère religieux de ces édicules n'est reconnaissable qu'à la croix surmontant la porte, aux cloches qui se rouillent dans les embrasures dont est ajourée la partie supérieure de la façade, grimpée en façon de campanile, à la petite abside byzantine, verdie et rongée de pariétaires.

En ville, la métropole, Notre-Dame de la Caverne, « Panaghia Spiliotissa », d'ailleurs parfaitement insignifiante, est seule de dimensions notables, ainsi que Saint-Spiridion. Comme la plupart des églises grecques, celle-ci est sans style aucun, dénuée de toute apparence et fort mal entretenue à l'extérieur. L'intérieur n'en serait pas plus intéressant, s'il ne renfermait le fastueux cercueil en argent ciselé du bienheureux évêque de Chypre, dont les reliques, qui préservent de la peste et autres calamités, sont l'objet de la vénération fétichiste des musulmans d'Épire aussi bien que des chrétiens. Par héritage séculaire, ces ossements sacrés sont la propriété de la famille Boulgaris, sous la condition qu'elle ait toujours un de ses membres dans les ordres, fait rare en Grèce, où le clergé régulier ne se recrute guère que dans les classes populaires. Ces prêtres mariés peuvent transmettre de père en fils le pieux patrimoine, dont les nombreuses offrandes des fidèles font une ferme en Beauce. On m'avait prévenu que l'archimandrite actuel, qui vient souvent à Paris, me parlerait moins de théologie que des Folies-Bergères. Cette mondanité ne choque point les Grecs. Rien de moins austère et mystique que

leur christianisme : ils se souviennent encore
d'avoir été glorieusement païens.

Dans le légitime désir d'attirer les étrangers
à Corfou, l'hôtelier de la Belle-Venise affirme
qu'il n'est séjour plus bienfaisant pour les neu-
rasthéniques. Cette recommandation est un serpent qui se mord la queue, car le jour où s'a-
battraient sur l'île heureuse *tous ceux qui souf-
frent de surmenage nerveux*, elle perdrait les
vertus sédatives qu'elle doit à sa profonde paix.
Ne le répétez donc pas trop, mais venez-y.
L'hiver y est tiède, sans cesse réchauffé par les
orages sortis des flancs grondeurs de ces mouts
Acrocérauniens, séjour de la foudre. Radieux, le
précoce printemps. L'été, la véhémence du so-
feil s'atténue de l'humidité foncière du sol et de
l'abondance de la végétation. Ni vent, ni sécheresse, ni poussière. Du calme qui berce l'esprit,
de la sérénité qui apaise l'âme, de la beauté qui
caresse l'œil. Une douceur ambiante, sur laquelle
doivent s'émousser les piqûres d'épingle de la
vie, dont nous souffrons parfois comme de coups
d'épée, ce que les Italiens appellent si expressi-
vement la *molestia*. On y a la plaine riante et
féconde, aux amples horizons lumineux. On y
a la montagne, point farouche et pourtant im-

posante, dont le point culminant, comme le marque son nom de Pantokrator, n'atteint pas mille mètres, mais qui, surgissant du niveau même de la mer, semblent plus imposantes que ne le comporte leur faible élévation.

La mer... On l'a enfin, pour vivifier cette atmosphère un peu molle à force de douceur, une mer nonchalante et berceuse, dont les pures brises sont sans l'âpreté et la rudesse habituelles de l'air salin. Elle est partout, autour de cette île étroite, surgissant tout à coup à un détour de route. Découpant la ceinture de roches rouges et violettes qui fait à ce jardin un rempart contre la tempête, elle l'entaille de petites criques arrondies en plages de sable blanc. Dans ces bassins où il s'endort, le flot prend des transparences colorées de tons exquisement subtils : améthyste claire, pâle aigue marine, opale mourante. Sur les fonds de goëmon, c'est la gamme infinie des verts, depuis l'émeraude brillante jusqu'à la malachite aux marbrures sombres. Et puis, au large, une nappe de saphir liquide, qui va vers l'horizon s'intensifiant jusqu'au lapis.

Quelques-unes de ces baies, plus vastes, entament si profondément les terres, que la mer s'y fige en lagune. Telle celle de Govino, au bord de laquelle, dans une mélancolique solitude, à demi étouffées sous la poussée vigoureuse de la végétation, se dressent, encore hautaines, les ruines d'un arsenal vénitien.

A l'extrémité de cette magique promenade du Canone, qui, entre ses haies de rosiers et de cactus, semble un décor de féerie orientale, c'est le lac marin que les anciens appelaient Hyllaïque. En son milieu un îlot émerge à fleur d'eau, affectant vaguement, pour les imaginations prévenues, la forme d'une galère. Il y faut voir, dit la légende, la nef phéacienne qu'à son retour d'Ithaque, où le roi Alcinoüs avait fait conduire le héros de Troie, changea en rocher la colère de Poséidon, dont nous devons ici oublier le nom vulgaire de Neptune. L'île d'Ulysse renferme un petit monastère. A l'heure où ses cloches grêles tintent faiblement la prière du soir, sous le soleil qui s'abaisse en criblant de flèches d'or le large éblouissant, le miroir de ces eaux mortes prend des teintes irisées aux finesses exquises.

En face, sur les collines qui relèvent en lignes molles leur croupe bleue d'oliviers, éclate la blancheur des villages d'Hagii-Deka — les Dix

Saints — et de Gastouri. C'est auprès de ce dernier que s'élève l'impériale ville de marbre, coûteuse fantaisie dont, nous dit-on, est déjà lassé l'incurable ennui de celle que nous avons rencontrée hier sur la route, à pied comme d'ordinaire, et suivie d'un seul valet, tout de noir vêtue, son chapeau pendu au bras et remplacé par une ombrelle, à la main l'éventail dont elle a l'habitude de masquer son visage aux passants. Sans doute elle n'a pas lu dans nos yeux, aussitôt détournés d'elle, cette curiosité plus féroce que respectueuse qui trop souvent l'importune, car elle a de fort bonne grâce daigné répondre à notre salut.

Est-ce au deuil inconsolable du fils unique si tragiquement disparu, qu'il faut attribuer la bizarrerie d'humeur qui éloigne cette souveraine de sa cour et de ses devoirs, pour la jeter en un exil volontaire et une solitude farouche? Peut-être. Mais sait-on quels étranges mouvements peuvent bouleverser une âme, sous des influences occultes tout étrangères à l'extériorité des choses? On se rappelle qu'un jour, brusquement, sans motif connu, l'impératrice Elisabeth a renoncé à ses prouesses d'écuyère intrépide jusqu'à la témérité. Je tiens d'une

source irrécusable que c'est parce que ce jour-là
s'est dressé devant elle le spectre blême de la
peur — la peur qu'elle n'avait jamais connue,
une de ces peurs aussi insurmontables qu'irrai-
sonnées, contre quoi se brisent toute énergie et
tout orgueil. L'exemple n'en est pas unique
parmi les amateurs de cheval. Pour d'autres
choses aussi, il y a un ressort qui casse ; une
altération morale se produit, l'orientation de la
vie est changée, et c'est en vain que le monde,
qui s'étonne, cherche des explications à cet
impénétrable mystère d'âme.

Telle est la puissance féconde du sol généreux de Corfou, que la végétation n'y est arrêtée
que par la vague. C'est ce qui fait si charmants
ces villages marins, Hypso, Benizzæ, dont au
long d'une grève retirée, où quelques barques
de pêche s'échouent dans les sables d'or, sont
enfouies sous les figuiers sauvageons et les
orangers amers, les maisons basses, blanchies
au lait de chaux ou badigeonnées de couleurs
tendres, et marquées à la porte d'une croix
grecque tracée avec le sang de l'agneau égorgé
à Pâques. Ou encore ce délicieux hameau
d'Analipsis, voué à l'Ascension du Sauveur,
qui, écarté de tout chemin, se cache sous une

futaie d'oliviers dévalant en pente herbue jusqu'à la mer, dont le chatoiement bleu se dé-
coupe dans la dentelle des frêles ramures grises.

Même sur les rives escarpées, dès qu'entre
les rochers un peu de terre rouge s'est amon-
celée au fond d'un trou, l'orge et le maïs y
poussent, la vigne même, dont le flot amer
vient presque baigner les pieds noueux. C'est
peut-être à quoi doit sa saveur un peu âpre le
vin noir que nous avons bu au couvent de
Palæo-Kastrizza, encastré entre les murailles
d'une antique forteresse perchée en vigie au sommet d'une falaise, et que dominent encore les
débris d'un autre nid d'aigle, qui tient son nom
de Saut' Angelo de Michel Comnène l'Ange,
despote de l'Épire.

Cet amas de constructions incohérentes, dont
le délabrement est masqué sous un enduit de
chaux fraîche, éclate en blancheur crue, qu'avi-
vent les taches sanglantes de géraniums arbores-
cents poussés au hasard du vent qui les sema
par les cours désertes et les cloîtres silencieux.
Ils sont là quelques religieux, vivant des maigres
récoltes clairsemées dans leur rocailleux domaine
quasi-aérien, et des offrandes apportées à leur
« Panaghia » — « la Toute-Sainte » — une

Madone plus au moins miraculeuse. On y vient déjeuner avec ses vivres, sous une loggia taillée à même le roc vif, face à l'horizon bleu où les eaux de la mer Ionienne se mêlent à celles du golfe d'Otrante.

Du plus loin que sont signalés les promeneurs, l'higoumène à copieuse barbe noire repasse les quelques mots d'italien qu'il baragouine et enfile sa robe des dimanches. Attention louable, à voir l'accoutrement des autres frères, hirsutes et loqueteux. Il vous offre le vin et le café, vous fait les honneurs de l'obscure chapelle où les icones byzantines resplendissent dans la gloire de leur orfèvrerie barbare, ainsi que du « musée », naïve collection d'objets hétéroclites et insolites : des ex-voto bizarres, la carcasse d'une baleine échouée sur ces rives, de vieux manuscrits grecs qu'ils ne savent point lire, des fleurs artificielles nouées d'un ruban fané, des vues de Jérusalem coloriées effroyablement, et, à côté de portraits noircis d'anciens patriarches et métropolites, ceux en chromo de tous les souverains d'Europe, y compris M. Carnot.

Quand, après avoir bu à longs traits la suprême beauté et la paix infinie de cette solitude accrochée entre le ciel et l'eau, on se décide à regret au départ, quelques drachmes papier sont glissés avec la poignée de mains des adieux dans celle du supérieur. Au premier détour du chemin qui descend la côte, de derrière un buisson de cactus surgit un des pieux guenilleux aperçus tout à l'heure, qui se met à courir derrière la voiture en brandissant un bouquet d'orchidées sauvages et en clamant pour une aumône avec un rire hébété d'innocent, toute l'intelligence concentrée dans l'œil luisant d'avidité et de ruse avec lequel il suit le mouvement des mains cherchant au fond des poches les *lepta* de cuivre et de nickel.

L'ignorance de ces pauvres moines grecs, leur paresse, leur crasse, l'abrutissement dans lequel ils végètent en des pratiques machinales, ne sont pas pour inspirer le respect de la vie religieuse. Mais ici la foi populaire n'est guère qu'une superstition sans portée morale, faite de rites et d'habitudes, trop grossière pour être accessible à aucun discrédit.

C'est assez s'attarder en cette île douce qui n'est que le vestibule de la Grèce. Tant pour ses grâces propres que pour l'aimable accueil reçu, nous nous y oublierions, si l'austère devoir ne nous arrachait à ces délices qui devraient, en bonne justice, être substitueés à celles, classiques, de Capoue. Aristote ne fut-il point exilé ici ? Nous ne l'en plaindrons point. Qui donc a appelé Corfou une épave du paradis terrestre ? C'est des Champs-Elysées plutôt qu'il aurait dû dire ; car, dans cette voluptueuse atmosphère, on s'imagine moins le pur et mystique séjour de l'innocence, que celui des ombres heureuses de ce sensuel paganisme, qui plus que la vérité a aimé la beauté.

IV

La précision et l'exactitude ne sont pas des vertus grecques. On ne sait que vaguement l'heure de départ des bateaux, et le prix du passage n'est pas moins incertain. Il ne vous viendrait pas à l'esprit de marchander, si vos amis du pays ne vous affirmaient que cela se doit faire, sinon on se moquerait de vous, et ils s'en chargent à votre place. On va trouver l'agent de la Pauhellénique ou de la *Nea-Ellenica*. — « Tant de passagers pour Patras. Les prenez-vous à demi-tarif ?... Non ?... Alors on attendra le Lloyd de demain, ou après-demain les Messageries italiennes. » Et l'on transige à trente pour cent. Effet aussi bienfaisant pour nous que désastreux pour les compagnies, de la concurrence et de la pénurie de voyageurs. D'autres fois c'est l'inverse. Ainsi, pour je ne sais plus quelle traversée avons-nous payé treize drachmes à l'aller et vingt au retour. Il n'y a qu'à s'y faire.

D'ordinaire le Français qui se met en route pour l'étranger part de ce pied, qu'une fois les frontières franchies, tout est mal fait. Par esprit de contradiction peut-être, de justice aussi, enfin à cause de l'excitation joyeuse où me met l'intensité de ma curiosité du pas encore vu, j'incline volontiers à l'optimisme. Cependant ces dispositions bienveillantes en général, et particulièrement pour ce pays où m'attire une sympathie, ne sauraient m'aveugler sur le fâcheux inconfort des paquebots grecs. Cuisine inquiétante, propreté douteuse, ou plutôt triste certitude du contraire, marche plus qu'indolente, promiscuité trop fraternelle avec les passagers d'entrepont, que nul règlement du bord ne saurait empêcher, à l'heure où le soleil darde, de monter sur le pont d'arrière pour y chercher l'abri de la tente, prétendu privilège de la première classe. Non que le populaire ici soit bruyant et grossier, tout au rebours. Mais on a des préjugés d'odorat et des habitudes efféminées de raffinement.

Jusqu'à la nuit close, l'*Hermoupolis* range de très près la côte d'Épire. C'est un mal chronique du voyage, ce regret de tous les lieux qu'on ne visite point. Peut-être n'offrent-ils d'autre attrait que celui, si irritant, du mystère. Mais combien, entre tous autres, on voudrait pénétrer le secret de cet âpre pays d'aspect inaccessible, chaos d'escarpements sauvages montant à l'assaut du ciel, à la voûte bleue duquel se heurte leur casque de neige, et balayé de profondes déchirures où se devinent des vallées fraîches et vertes, sans autre trace de vie que, par places, agrafés au roc nu, des villages rébarbatifs comme des forteresses.

Contrée fabuleuse où rendait ses oracles le Zeus archaïque, Naïos, épouse de Dioné, la Terre féconde, et père d'Aphrodite, l'ancêtre du polythéisme grec. Au fond de ces défilés sauvages on devine son sanctuaire de Dodone, plus tard éclipsé par celui de l'Apollon de Delphes, et que pourtant vénérait encore Alexandre.

Fouillant ce dédale de pierre, les yeux avides cherchent aussi sa moderne voisine Janina, le nid d'aigle de ce bandit génial Ali de Tebelen, terrible et grand comme les héros d'Homère dans son héroïque férocité, klephte musulman devenu pacha, qui, après avoir trente années durant terrorisé l'Épire, la souleva contre la Porte, mettant le feu aux poudres dont l'explosion créa la nationalité grecque. Et nous voudrions voir la muraille criblée de balles du monastère de Saint-Sauveur, où, attiré dans un guet-apens, fut assassiné par des ennemis déloyaux le vieux tigre aux abois, encore redoutable en son agonie, comme à Stamboul nous avons vu, sous les cyprès d'un cimetière abandonné au pied des ruines formidables de l'enceinte byzantine, sa tombe entourée de celles de ses fils et neveux, dont, après avoir été exposées sur les créneaux des Sept-Tours, y furent ensevelies par des soins pieux les têtes livides et sanglantes.

Quoique ce soit si proche, nous n'en pouvons rien apercevoir. Mais là-bas du moins, dans un recul violet, regardons cette tache blanche qui éclate au-dessus des marais fiévreux, peuplés de buffles, et des rizières fangeuses, où, en face de l'île de Paxos, se perd dans la mer le noir Achéron grossi du sombre Cocyte. C'est la forteresse de Souli. Évocation du souvenir glorieux de ces indomptables pallikares souliotes, aux côtés de qui, comme celles des Cimbres, combattaient leurs femmes, se précipitant avec leurs enfants dans un précipice plutôt que de se rendre aux Turcs. Si ces rochers sont rouges, c'est de tout le sang qui a ruisselé en ce pays de pillage, d'incendie, de viols et d'égorgements, depuis Skanderbeg jusqu'à Botzaris, durant quatre siècles de lutte jamais lassée de la croix contre le croissant.

Car cette région du littoral est celle des Albanais chrétiens, trois cent mille environ contre un million de musulmans pour tout ce labyrinthe de montagnes entassées entre la Thessalie et l'Acarnanie, la Bosnie et l'Herzégovine et la mer Ionienne. Les érudits en ces matières arides assurent que cette rude race albanaise, retranchée dans son hautain isolement ethnographique qu'à peine a entamé la civilisation, est ce qu'il reste des Grecs autochtones, les Pélasges, absorbés par les Doriens et les Ioniens, venus d'Asie Mineure, d'où ces derniers ont apporté les arts et la poésie. Ceux qui demeurèrent attachés au sol hellénique devinrent les hilotes. Les plus fiers se retirèrent dans ces solitudes escarpées, où le fils d'Achille plus tard fonda le royaume des Molosses, tandis que d'autres, aventureux, allaient coloniser la Sicile et la Sardaigne.

Ce n'est point uniquement au goût du lucre que doivent être attribuées les mœurs de brigandage non pas encore absolument disparues chez les Albanais. Ils avaient pour excuse l'habitude prise de labourer avec un arsenal à la ceinture, et de paître leurs troupeaux un fusil à la main au lieu d'une houlette. D'avoir à se défendre d'être rançonnés, on glisse aisément dans la tentation de rançonner autrui, surtout en un pays très pauvre, où ceux qui ont charge de l'ordre donnent l'exemple du pillage. Le nom cependant dont ils se désignent est essentiellement pacifique : Skipétars, qui veut dire « montagnards ». C'est aux Turcs qu'ils doivent celui d'Arnautes, « vaillants », en l'honneur de leurs milices locales, d'une bravoure sauvage et de moralité aussi relâchée que la discipline, à l'égal des janissaires et des bachi-bouzouks.

C'est un peu à cause de cette insécurité, davantage de l'absence des gîtes et de la difficulté des communications, que l'Épire n'est guère visitée, hors sur la côte par des amateurs de sport, Anglais pour la plupart, qui y viennent de Corfou chasser la bécasse, le coq de bruyère et le canard sauvage, le daim et le chamois, le loup, le sanglier, parfois l'ours. Et même en ces expéditions restreintes faut-il bivouaquer ou rentrer coucher à bord. Voilà pourquoi nous devons renoncer à pénétrer en ce pays qui, à peine entrevu, s'efface dans la nuit, ses cimes hautaines et ses ravins ténébreux enveloppés des ombres descendues lentement du ciel obscurci, semblables à de longs voiles de deuil.

Aux clartés blêmes du crépuscule, passé le cap de Prévésa, qui est l'Actium d'Octave et d'Antoine, Sainte-Maure surgit, incertaine et évanescente comme un fantôme, des eaux pâlissantes, ces eaux où Sapho engloutit son immortel regret. Brusquement la nuit se fait profonde entre le cap Leucade et l'île de Céphalonie que nous n'apercevons point, non plus que Zakynthos, la douce Zante, *fior di Levante*, patrie de la fleur de hyacinthe. Perdue aussi dans les ténèbres, que troue le feu rouge de son phare, Ithaque, dont au passage nous émeut le grand nom. Aujourd'hui, nous dit-on, aride crête de rochers déboisés, où les ruines antiques sont informes et douteuses. Cependant l'enfantillage de l'imagination s'irrite de ne la point voir. Des méchants ont prétendu nier l'identification de la moderne Thiaki avec le royaume d'Ulysse. Il faut pourtant bien qu'Ithaque ait été quelque part. Pourquoi pas ici, où, discutât-on les descriptions un peu vagues de l'Odyssée, la place cette limpide altération du nom? Petit jeu d'ergoteurs qui rappelle le fameux sophisme : « Comme quoi Napoléon n'a jamais existé. »

Toutefois, sauf le respect dû à la tradition, il est permis d'être plus sceptique quant à celle qui fait de Corfou l'île inconnue, lointaine et merveilleuse des Phéaciens. La distance est trop insignifiante pour qu'en ce cas, l'époux de Pénélope ne se fût pas déjà trouvé avec le roi Alcinoüs en relations de voisinage. Sur cette réflexion profonde mes esprits s'appesantissent, et je descends dans ma cabine, puisqu'aussi bien tout est noir autour de moi.

Sur l'étroite et dure couchette peuplée de ces bestioles que le latin, qui dans ses mots brave l'honnêteté, appelle *cimex lectuarius*, le sommeil est pénible et bref. On ne le regrette plus quand l'aube vous a ramené sur le pont. C'est l'entrée du golfe de Corinthe, ouvrant devant les yeux éblouis sa profondeur magnifiquement bleue. Mais, sur cette terre illustre, l'esprit sans cesse est sollicité en même temps que l'œil. Comment ne s'arrêterait-il pas sur les rives basses de l'Acarnanie, l'estuaire de l'Aspro-Potamo, ce Nil des anciens Grecs, l'Achéloüs sacré, père des Sirènes, qui sous la forme d'un taureau fut vaincu par Hercule, et dont une des cornes que lui arracha

le héros devint la corne d'abondance? Ce rébus
mythologique paraît assez limpide. En même
temps que l'incarnation de la force musculaire,
le divin Alcide aurait été un ingénieur hydrogra-
phe du temps, qui, en endiguant ce fleuve rapide
et limoneux, et en irriguant les terrains d'alluvions qu'il formait, aurait créé le fécond promontoire, un peu, effectivement, en forme de corne,
où prospèrent les oliviers et les orangers.

Et comme ici, à chaque pas, les souvenirs d'hier
le disputent à ceux de la fable, au fond de cette
lagune aux lignes fuyantes, noyées dans la vapeur irisée du matin, c'est la glorieuse Missolonghi. L'âme s'exalte à ce nom évocateur d'immortel héroïsme. Entre les remparts démantelés,
une ville nouvelle s'est édifiée sur les décombres
de celle qui, ravagée, éventrée, écroulée, après
un an de mitraille et de famine acheva de dis-
paraître par l'explosion de la poudrière, râle
suprême de ses défenseurs, ensevelissant vain-
queurs et vaincus dans une tombe commune. Là
reposent côte à côte deux grands cœurs: Byron,
dont la pestilence de cette fange sanglante ter-
rassa le généreux génie, et Marcos Botzaris, tué
à la tête des trois cent cinquante pallikares qui,
dans un coup de main magnifiquement témé-

raire, taillèrent en pièces quatre mille cinq cents
Turcs. Il n'est pas sans intérêt de rappeler que
l'intrépide Souliote avait fait sous nos drapeaux
l'apprentissage des armes, avec son compatriote
Bourbaki, de qui le fils est devenu le brillant
soldat que l'on sait.

V

LE LONG DU GOLFE DE CORINTHE

Patras, la plus grande ville du royaume hors
la capitale, environ *ex æquo* avec le Pirée. Après
l'incendie allumé par les bombes turques, ne
doutant de rien, la jeune Grèce la rebâtit sur un
plan qui comportait cent mille âmes. C'était trois
fois trop, et les quartiers neufs, largement et
géométriquement percés, blancs de plâtre, de
poussière et de chaleur, semblent un échiquier
gigantesque, où les cases bâties alternent avec
les cases nues. Sauf une situation magnifique, les
pieds baignant dans le flot bleu, la tête, casquée
d'une citadelle vénitienne, s'appuyant aux contreforts boisés de massifs trapus, encore neigeux
sous un soleil ardent, ce port n'a d'autre caractère que sa langueur orientale, qui s'anime seulement dans les cafés où, en se grisant d'eau

fraîche, on cartonne, on pérore, on commente
avec vivacité les « éphémérides ».

Sous le vocable de saint André qui fut crucifié
ici, une assez belle église à l'iconostase très doré
a été élevée, en utilisant quelques beaux marbres
antiques, sur les débris d'un temple de Déméter,
la déesse bienfaisante que le paganisme romain
a appelée Cérès. Des marins tannés, des bergers
hirsutes, de maigres et bruns laboureurs à la
fière allure dans leur foustanelle, des femmes
au long visage grave jauni par la fièvre, y viennent baiser dévotement la châsse contenant les
reliques du saint, avec cette abondance de gé-
nuflexions, ces signes de croix de droite à gauche indéfiniment répétés qui constituent l'es-
sence du rituel grec.

Cela me fait songer à la froide cité du Nord,
assise au bord d'une mer grondante et embrumée,
où survivent à leur déchéance les ruines d'une
immense cathédrale consacrée à ce même
apôtre, dont un moine d'Achaïe y avait apporté,
dérobés ici sans doute, un bras, trois doigts et
les deux orteils. Là-bas le sauvage fanatisme
puritain a profané l'église, jeté aux vents les ossements sacrés, et les presbytériens de Saint-
Andrews se hérisseraient de scandale au spec-

tacle de ces naïves marques d'idolâtrie païenne. De Byzance où elle naquit, l'iconoclastie s'est expatriée dans ces pays plus rudes. Non sans raison, les Écossais se piquent d'être plus religieux que les Grecs. Mais faut-il donc que, pour réjouir le cœur de Dieu, la foi, comme la vertu, soit morose et glacée ?

Par pur hasard Patras nous ébranle au passage d'une impression singulièrement saisissante. C'est là que nous voyons le premier enterrement grec. Le choc est brutal quand, après la théorie des prêtres en robe de damas pourpre, vert, orange, à chape dorée et ceinture de soie, psalmodiant sur un mode plaintif de flottantes mélopées qui s'enroulent éternellement sur elles-mêmes, le cadavre paraît, porté à découvert. C'était une femme âgée, vêtue de soie noire, parée de bijoux d'or, un flot de dentelles blanches encadrant le visage livide, anéanti dans la terrifiante majesté de l'inconnaissable. Cette vision de la mort passant lentement à travers les vivants, comme un spectre qui apparaîtrait au grand soleil, vous souffle à la face un vent d'angoisse. Sensation macabre dont l'horreur le dispute à un attrait étrange, si impérieux, qu'à chacune de ces lugubres rencontres dont la vue devrait se détourner, elle s'y arrêtera au contraire en dépit de nous-mêmes. Cette coutume, nous dit-on, a survécu à la tyrannie ottomane, qui redoutait les transports d'armes et de munitions dans les cercueils. Il est possible. Mais elle a bien aussi un lointain parfum de paganisme.

Il ne faut pas médire des chemins de fer, lorsqu'ils sont flâneurs à souhait comme ceux du Péloponèse. Nulle route ne saurait être plus belle que la ligne de Patras à Corinthe tout au long de la côte d'Achaïe. C'est après le goulet produit par l'étranglement des eaux entre le château de Roumélie et le château de Morée, que commence le golfe de Lépante proprement dit. L'intensité de son bleu s'exalte de la chaleur de ton des terres qui l'enserrent, violemment rousses, avec les marbrures vert-de-gris des oliviers, les grandes plaques brunes de la vigne dont ne frémit pas encore la sève, les taches sombres des taillis de pins et de thuyas tordant leurs troncs rouges parmi des roches rouillées. Pays embrasé et bouillonnant, convulsé par les tremblements de terre.

En vous penchant au bord d'une des grèves de sable étincelant, arrondies en cette courbe pure qui les faisait comparer par la grandilo-

quence antique à des faucilles d'or, les pêcheurs
vous affirment que vous distinguerez les marbres
d'une autre Atlantide, Helleké, qu'a engloutie
un de ces cataclysmes. C'était une des douze
cités de la ligue achéenne, dont les ruines
jonchent le littoral. Telle cette Sicyone, berceau
de l'art ionien, qui, nommée d'abord « la ville
des pavots », reçut d'un de ses tyrans bienfaisants et pacifiques, amateur sans doute de culture potagère, le nom moins poétique de « ville
des concombres ». L'une d'elles a refleuri, com-
munément désignée sous son vocable slave Vos-
titza, mais à laquelle la Grèce d'aujourd'hui,
s'efforçant de renouer la chaîne des temps, a
restitué officiellement celui d'Ægion, qui lui
avait été donné par les anciens en l'honneur de
la chèvre nourrice de Jupiter.

La chaîne de montagnes que nous longeons est
ravinée de gorges sauvages, amenant vers la mer
des torrents, dont en deux heures d'orage déborde le lit desséché, si terribles alors, que l'un
d'eux est dit « l'Étouffeur d'âmes ». Un de ces défilés nous arrache au passage un nouveau regret.
En le suivant, nous arriverions au monastère
décrépit de Megaspileou, consacré à l'Assomption de la Vierge, que la piété de Constantin Pa-

léologue agrafa au flanc de ce mont Saint-Elie
où gardait les chèvres l'impériale bergère sainte
Euphrosyne. Mais à vouloir tout voir en Grèce,
on mourrait à la tâche sans l'avoir accomplie.

. Cette terre brûlée et pourtant féconde produit
le meilleur vin grec, avec ceux de Céphalonie et
de Santorin, puisque Chio et Samos appartiennent à la Turquie et Chypre à l'Angleterre. Ces
divers crus sont plus ou moins de ce malvoisie
que les croisés rapportèrent aux pays d'Occident,
vin historique dont se grisaient les preux et qui
a valu aux Templiers leur fâcheuse réputation
d'ivrognes, celui que le duc de Clarence choisit
en guise de ciguë. Tout nous est venu de Grèce,
même, assure-t-on, ce titre princier, que des
chevaliers anglais empruntèrent au petit port d'E-
lide, Clarentza, où Boccace conduit la fiancée du
roi de Garbe avec le second de ses huit amants.

Et en face, au delà du golfe bleu, bleu à aveugler, le chaos tumultueux des montagnes de
Béotie et de Phocide, enveloppées d'une chaude
lumière violette, dont la crête de neige scintille
sur le bleu du ciel, du bleu toujours, clair et
éclatant de reflets d'or. De tous ces fiers sommets nous ne voulons retenir que deux noms :
l'Hélicon et le Parnasse.

Non licet omnibus adire Corinthum... Pardon !... cela échappe malgré soi. Nous à qui est donnée cette joie, notre premier mouvement, à l'aspect de la ville, est de poursuivre jusqu'à Nauplie. On nous dit que le train n'y va pas, se dirigeant sur Athènes, et c'en est fait de notre lâche velléité de fuite. Timidement nous demandons s'il y a quelque auberge pour nous recevoir. Comment donc !... ici même, à la gare, un Terminus s'il vous plaît, qualifié de *family-hotel*, ce qui sonne bizarre sur ces rivages. Par contre, tout en parlant un français très sortable, le propriétaire répond au beau nom de Pélopidas. Et nous serions inconsolables de ne nous y être point arrêtées, ce petit hôtel étant aménagé à l'anglaise en effet. Les plus ennemis mêmes de la perfide Albion lui doivent une reconnaissance : c'est de donner au monde des leçons de propreté.

Combien dégénérée de la splendeur de sa corruption, de l'insolence de ses débauches, cette antique cité de luxe et de luxure !... Un grand village de boue rouge, noyé en des sables brûlants. En attendant le tremblement de terre qui doit de nouveau détruire ses maisons, basses comme des huttes afin de lui offrir moins de prise, il se calcine dans la poussière rousse et languit dans la buée de fièvre que suent les marais voisins, plantés de haschisch empoisonneur. Cela nous fait songer à Tombouctou — que nous n'avons d'ailleurs jamais vu.

C'est la Nea-Korinthos, qui ne date que d'une quarantaine d'années. Mais à une lieue d'ici, la Palœa-Korinthos est moins encore, misérable bourgade au pied de l'acropole qui naguère dominait une ville de trois cent mille âmes, la plus dissolue du monde païen.

Parisiens, mes frères, ne soyons pas si vains de notre grande Babylone. Qui sait où elle en sera, dans autant de siècles qu'il s'en est écoulé depuis que saint Paul est venu apporter la bonne parole en ce lieu où, dit-il, « règne une telle impudicité, que même parmi les Gentils on n'entend rien de semblable » ? Aussi parle-t-il « comme à des hommes charnels, car ils ne sont point des hommes spirituels, » à ces Corinthiens parmi lesquels il en est « qui entretiennent la femme de leur père ».

Cette grande courtisane qu'était la Grèce antique a payé cher la magnificence de ses vices. Tous les envahisseurs l'ont violentée. La seule cité où nous sommes fut successivement mise à sac par les Romains, qui plus tard la relevèrent,

puis par les Hérules, les Wisigoths, Stilicon, qui
en l'arrachant à Alaric pour le compte de l'empire de Byzance, se souvint d'être né Vandale
et lui fit plus de mal encore que ceux dont il la
libérait. Ensuite vinrent les Slaves, les Francs,
les Turcs, les chevaliers de Malte, Venise, la
Porte derechef, enfin la terrible guerre de l'indépendance, qui ne laissa aux mains d'Hypsilanti et de Kolokotroni qu'un monceau de cendres. Aussi ce sol mamelonné de décombres
garde-t-il bien ses richesses antiques. Les
fouilles n'ont jusqu'à présent donné que des
résultats insignifiants.

C'est à l'orée de la nuit que nous gravissons
l'Acro-Corinthe, rude ascension d'une grande
heure à dos de mulet, si abrupte, qu'à la des-
cente nous préférons nos jambes à celles des
bêtes efflanquées et poussives. Il faut être parvenu au sommet pour se rendre compte de l'im-
mensité de ces ruines accumulées, franques,
turques et vénitiennes, dont l'enceinte crénelée
suit les arêtes vives du plateau escarpé qui le couronne. Des corbeaux et des éperviers passent
sans s'y poser sur ce lieu de désolation, où leur
cri sinistre a remplacé le son des flûtes de Phrygie
rythmant la danse impure des mille courtisanes

sacrées du temple d'Aphrodite, écroulé parmi les pâles euphorbes. Toujours limpide et fraîche y jaillit la fontaine Pirène, où Bellérophon, petit-fils de Sisyphe, saisit à la crinière Pégase qui venait s'y désaltérer. Cela seul prouve bien que le noble coursier avait des ailes, sans quoi il n'aurait pu parvenir jusqu'à ces hauteurs.

Par sa situation particulière, ce rocher, qui n'a pas six cents mètres d'élévation, embrasse tout le massif central de la Grèce : la Béotie, la Phocide, la Locride et l'Etolie, l'Achaïe avec l'Argolide, une houle de pics, de dômes, de crêtes décharnées ou neigeuses, et par delà la plaine isthmique, que sabre la tranchée du canal, l'Attique où, dans le vague du soir, on cherche à distinguer, entre le Pentélique et l'Hymette, l'Acropole immortelle, celle de Pallas Athéna et du Parthénon. A l'heure crépusculaire où nous sommes, c'est, dans le jour blêmissant, une perspective infinie de terres violâtres, qui se déroule, morne, entre les deux miroirs d'acier du golfe de Corinthe et de celui d'Égine, semé d'îles d'un bleu lointain. Cela donne une froide impression de paysage lunaire, et c'est d'une magnifique tristesse, image du grand monde mort qui y est enseveli.

VI

TYPES POPULAIRES

N'était la magie de la lumière qui les réchauffe de ses ondes généreuses, elles seraient presque aussi mornes qu'aperçues du haut de l'Acro-Corinthe, ces terres que traverse lentement le train pénétrant dans l'intérieur du Péloponèse. Aride pays calciné, couleur d'ocre; tout sables et pierrailles, bosselé de verrues, raviné de crevasses, sans autre végétation qu'une herbe sèche et rêche, des buissons épineux, quelques oliviers chétifs. Pour toute culture, par places, un morceau de vigne, une pièce d'orge ou de maïs. Que mangeaient les habitants de cette fastueuse Corinthe, l'Alexandrie de la Grèce ? Où sont leurs jardins, leurs eaux, leurs ombrages ? Tout est mort avec eux. C'est comme si du sel y avait été semé. On comprend ici la légende scripturale des Sodome et des Gomorrhe, le feu du ciel desséchant les terres dont l'impureté offense le Seigneur.

On vit cependant encore dans ce désert. De loin en loin s'aperçoit la silhouette blanche d'un laboureur poussant nonchalamment sa charrue attelée d'une paire de mulets, parfois renforcés d'un âne, qui fend sans effort cette maigre glèbe poudreuse, sa femme accroupie auprès d'un feu de broussailles allumé pour fertiliser le sol de sa cendre. Le paysan grec s'accommode de peu : le soleil le nourrit, il s'abreuve de lumière. Et puis il a les bienfaisants moutons et les chèvres fécondes, sobres bêtes qui dans ces garrigues calcinées trouvent un régal parfumé de thym, de romarin et de verveine.

Les petites gares où se prolongent indéfiniment les haltes, sans autre motif apparent que de laisser souffler la machine poussive, semblent servir aux populations de moderne agora. La ligne passe librement à travers champs, sans clôture. On circule entre les voies, ouvertes à tous. On traverse d'un quai à l'autre en enjambant le train par ses plates-formes. Si deux convois se croisent, on s'interpelle, et, montant ou descendant à contre-voie, on échange de petites visites.

Car tout le monde se connaît dans ces troisièmes bondées de voyageurs.

Vu le marasme agricole et le néant industriel de ces parages, je soupçonne ceux qui prennent le train de le faire pour leur plaisir, comme ceux qui le regardent passer. Ils semblent tous sans autre occupation que flâner, bavarder et rouler des cigarettes. Serait-ce aujourd'hui l'un des deux cents jours chômés ? Ou peut-être, s'ils ne font rien, c'est qu'ils n'ont rien à faire. Ils n'en paraissent pas plus malheureux, portant haut une belle mine fière et riante. Quelques-uns s'en vont vendre ou reviennent d'acheter un agneau, qu'ils portent par les quatre pattes liées ensemble, avec cette indifférence pour les souffrances des animaux propre aux races méridionales. Il en est d'encombrés d'un énorme rouleau de ces tapis de laine bariolée qui leur font office de matelas, draps et couvertures. Par la chaleur qu'il fait, ce bagage étonne. On nous explique que ce sont des déménagements. Le contenant constitue tout le mobilier, à l'intérieur se trouvent les hardes et une sommaire batterie de cuisine, dont les seuls ustensiles d'importance sont ceux qui servent à faire le café. Simples, ces vies déjà orientales et encore

arcadiennes. Ils mangent des fèves et des pois
chiches, des herbes sauvages accommodées à
l'huile, du fromage de chèvre et du lait de brebis, des olives noires et du poisson séché, du
pain d'orge et de maïs, ne goûtent guère dans
l'année d'autre viande que celle de l'agneau pas-
cal, boivent à peine de vin et jamais d'alcool, se
vêtissent de la laine de leurs troupeaux, ont le
foyer nu des gens qui passent tout leur temps au
dehors, vivent très vieux, s'occupent beaucoup
de politique et ignorent totalement le socialisme.

Foule bigarrée et amusante. Voilà des bergers,
peau de bique aux épaules sous ce soleil d'avril
qui prend des allures torrides, la chemise de
cotonnade blanche ou bleue, plissée sur le
devant et dans le dos, retombant par-dessus les
grègues étroites de laine blanche, un mouchoir
noir ou rouge tordu à la bédouine autour du
crâne rasé, les pointes pendant en oreilles de
chien, têtes de bandits bons enfants qui roulent
des yeux féroces, tout en riant de leurs belles
dents, dont la blancheur éclate dans la barbe
noire frisée et le chaud teint bistré, luisant de
sueur. Et dans leur parler sonore et doux, au
zézaiement puéril, ils jasent, ils pérorent sans

trêve. Que peuvent-ils donc avoir tant et toujours à se dire ?

Plus graves, de riches paysans en calotte écarlate, la foustanelle et la chemise blanches très propres, avec un beau gilet bleu passementé de noir et soutaché d'argent, les guêtres pareilles, la ceinture de cuir rouge piquée de jaune se gonflant sur le ventre de tout ce qu'elle contient, effilent entre leurs longs doigts bruns leur martiale moustache de pallikare, l'autre main roulant éternellement les grains du chapelet d'ambre ou de santal.

Jovials et bons vivants, des pappas un peu débraillés à cause de cette chaleur, mais le haut bonnet noir inexorablement vissé au crâne qu'il emboîte étroitement, plaisantent avec des soldats dont la tenue ne prend pas modèle sur celle des grenadiers prussiens. Même en service, le troupier grec ne se départ jamais d'un aimable laisser-aller. Tels ces gendarmes là-bas, en capote grise que fait bouffer la foustanelle portée par-dessous, leur caleçon de coton blanc serré aux chevilles nues, rejoignant mal la chaussure nationale, si peu militaire, la *tzarouhia*, sabot souple de cuir qui fut rouge en son neuf, le bout très relevé, à la poulaine, orné d'une houppette de soie bleue, nid à boue et à poussière. Ils escortent au pénitencier de Nauplie des prisonniers littéralement ficelés comme des paquets, mais avec des cordes si minces et nouées si nonchalamment, que s'ils ne s'en dégagent pas c'est assurément par égard pour leurs gardiens, avec qui ils semblent être sur un pied d'excellente camaraderie.

Au milieu de tout ce monde qui grouille sans s'agiter, des gamins tête et pieds nus, dont l'unique vêtement est fâcheusement avarié, circulent en offrant des gimblettes à l'anis enfilées dans un bâton. On leur sait gré de cette attention quand on considère leurs mains, qui ne sont pas noires de hâle seulement. De grands gaillards barbus jusqu'aux yeux se tiennent, aussi majestueux qu'un banquier à son comptoir, derrière de petits éventaires de noisettes grillées et de pistaches sèches, de loukoum à la rose, cette gomme sucrée et parfumée, friandise par excellence de tout l'Orient, de nougats poisseux, de berlingots à la menthe et au citron, fondant au soleil, de sucreries gluantes et vagues qui ont nom *chalca*, *kadaïphi* et *galatobouriko*. Des fillettes hautes comme ça, avec déjà la gravité affairée du commerce, vendent de l'eau claire, en rinçant consciencieusement pour chaque client leur verre unique, et on boit, on boit, le gosier séché par tant de paroles. Aux médecins qui vous font mourir de soif sous prétexte de combattre l'embonpoint, cette race sèche et nerveuse, toujours en train de se désaltérer, donne un cruel démenti.

Les femmes sont rares, dépourvues de grâce en leur longue chemise de coton blanc brodé de couleurs vives au col et aux poignets, qui fait office de jupe, tablier de laine multicolore et lourd paletot de gros drap bleu ou noir sans manches, la tête enveloppée d'un voile blanc qui leur recouvre la bouche. Très jeunes, elles sont assez jolies, sans type bien caractérisé, mais par l'ovale pur du visage, une certaine noblesse de formes, le nonchaloir de la démarche un peu roulante des hanches, par la qualité surtout du teint que leur fait la richesse du sang coulant sous la peau mate. Vite elles vieillissent. Les traits s'épaississent et s'épatent, la peau se tanne, les muscles saillent, le ventre s'alourdit, et noires, calleuses, déformées, il ne leur reste plus que les toujours beaux grands yeux d'un noir profond, mettant une flamme dans ces rudes visages flétris

Quand le grand âge en a voilé l'éclat, ce sont
de lamentables sorcières. Ici comme partout, la
paysanne fait double besogne, sa féminité abolie
par les labeurs mâles, sans que les maternités
chôment, d'où résulte une précoce et profonde
détérioration physique. Il importe peu d'ailleurs, leurs époux les trouvant bien comme elles
sont. Pour ces gens simples, la fraîcheur est
l'apanage de la vierge ; ils n'en voient pas l'uti-
lité chez la mère de leurs enfants, et la fidélité
est parmi eux la règle presque absolue.

Non qu'on ne puisse trouver de belles Grecques du peuple, mais il faut les chercher dans
les îles de l'Archipel, où encore se font-elles
rares. Quoique le type masculin se tienne mieux,
le voyageur ne doit pas s'attendre à trouver
sur cette terre classique de la beauté plus
d'Adonis que de Vénus. La race y a été trop
abâtardie par le mélange et n'offre rien de cette
pureté et de cette noblesse qu'en Italie l'on rencontre à chaque pas.

VII

MYCÈNES, ARGOS, TYRINTHE

Si l'on considère que depuis trois mille ans
la cité des Atrides est désertée par les hommes,
redoutant ce lieu maudit, théâtre de forfaits si
exécrables qu'ils ont épouvanté les dieux mêmes,
il n'est pas surprenant que peu de chose en
reste et que Pausanias ait trouvé les décombres
de Mycènes à peu près en l'état où nous les
voyons aujourd'hui. Dans un cirque fermé de
trois côtés par de gros cônes abrupts, où une
herbe maigre se dessèche dans les éboulis de
granit gris et rouge, des buttes de terre évidées
par les fouilles, un chaos d'énormes murailles
cyclopéennes à demi enfouies sous les terres
bouleversées, l'aspect désolé et funèbre d'une
nécropole où sont ensevelis trente siècles. Puis,
par l'ouverture de cette rude enceinte naturelle,

que barre un ravin caillouteux parfois transformé en torrent, une large échappée sur la
riche plaine d'Argos, déroulant en ondes vertes
ses moissons qui frissonnent sous un ciel radieux
noyé d'or, jusqu'au golfe bleu de Nauplie, cha-
toyant dans sa ceinture de montagnes crêtées
de neige.

Pour qui n'est pas archéologue professionnel,
les débris de la Grèce antique sont d'une conception malaisée. A dessein je dis débris et non
ruines, car c'est en effet ce qui les différencie profondément des vieux burgs allemands et autres
nids d'aigles féodaux à demi écroulés et habillés
de lierre, dont habituellement l'autre mot évoque
l'image romantique. Même les ruines romaines
consistent d'ordinaire en édifices plus ou moins
fragmentaires, mais debout, tels ceux du Forum,
le Colisée, les temples de Sicile, la Maison carrée
de Nîmes, les divers théâtres et arènes. Tel en
Grèce aussi est le Parthénon. Mais c'est excep-
tionnel. D'ordinaire ces palais, ces citadelles,
ces sanctuaires, qui naguère dressaient vers
les nues leur orgueilleuse splendeur, sont non
seulement effondrés, mais enterrés dans le sol
exhaussé par les apports successifs des âges et par
la poussière même de leurs décombres. C'est en

éventrant le sol bossué, avec la seule intuition
pour guide, qu'on retrouve des débris de murailles, des fragments de colonnes, des sépultures,
des dallages, des frises, des corniches, des architraves, un pèle-mêle de statues, de squelettes,
d'objets usuels et divers, parmi lesquels il faut
opérer un triage laborieux et un difficile classe-
ment. Et la configuration des édifices n'étant indi-
quée souvent que par des substructions rompues
et incertaines, cela fait de leur reconstitution
un casse-tête chinois où s'embrouillent les plus
érudits et les plus ingénieux des architectes. Il
n'est guère de travaux plus passionnants que les
fouilles ; il n'en est pas non plus dont le résultat
soit plus ingrat aux yeux profanes, à moins de
découvertes aussi rares que celles d'une ville
entière ensevelie et conservée dans la lave. Mais
Pompéi est moderne en comparaison avec
Mycènes.

Ici, que reste-t-il, qui se tienne ? La célèbre
porte des Lions, ou plutôt des Lionnes. Mais
elle n'offre guère qu'un intérêt de curiosité, à
titre du plus archaïque des morceaux de sculpture connus. Plus frappant par sa masse et par la
perfection vraiment artistique de sa construction
hardie, aussi intacte aujourd'hui que le jour

qu'elle fut terminée, est le colossal tombeau à coupole où l'imagination populaire a vu la sépulture d'Agamemnon, et qu'on appelle aussi le trésor d'Atrée, en ce cas pillé depuis longtemps. Si dédaigneux qu'on soit des chiffres, lorsqu'on sait que cette voûte parabolique en forme de ruche, faite d'assises concentriques de blocs ajustés les uns dans les autres en encorbellement, mesure quinze mètres de hauteur sur un diamètre égal, et que le poids du seul linteau de pierre de la porte, en deux morceaux, est évalué à cent soixante-dix mille kilos, on est saisi de respect pour les rudes maçons qu'étaient ces lointains ancêtres.

Mais hors cela, que voyons-nous? Par exemple, au centre de ce qu'on nous dit avoir été l'agora, cinq fosses vides, bien propres, maçonnnées de neuf pour prévenir les éboulements. Nous demeurons froids et cela se conçoit assez. Quel n'a pas dû être cependant le délire de Schliemann quand il les a mises au jour, avec les quinze squelettes masqués, bardés, cuirassés d'or, qui depuis trois mille ans y dormaient leur lugubre et fastueux sommeil! Ces dépouilles vénérables, transportées au musée d'Athènes, sont-elles bien, ainsi que l'a cru le savant allemand, celles d'Agamemnon, de sa captive Cassandre, d'Eurymédon et autres victimes de l'adultère carnage qui ensanglanta ce tragique palais? Qui reviendra jamais pour en porter témoignage? Mais c'était à coup sûr de fort grands personnages, pour être ensevelis ainsi au centre de l'acropole et dans des linceuls d'or. Comme il faut bien que le roi des rois l'ait été quelque part, je veux de tout mon cœur croire que c'est ici. Et quand ce serait au contraire la sépulture d'Egisthe et de Clytemnestre, les égorgeurs au lieu des égorgés, le macabre prestige de ces poussières humaines en serait-il moindre? Que les érudits se gourment entre eux sur ces identifications douteuses; c'est l'affaire et l'intérêt de la vie. Pour nous, laïques, à la seule imagination de qui parlent ces restes d'un immense passé, la querelle est oiseuse. Si le rapprochement ne sonnait ridiculement faux avec ce sujet funèbre, on pourrait dire que, pour ignorer le nom d'une fleur, on n'en respire pas moins le parfum.

Que si donc, visitant ces lieux fabuleux, on n'est pas préparé à ce qu'on y va voir, tant d'aridité déconcerte, et l'on prend de l'humeur contre ceux qui ont prétendu y trouver de l'émotion, ainsi que contre soi-même de n'en point ressentir. C'est qu'on la cherche où elle n'est pas. Dans cet informe amas de blocs écroulés au milieu d'un terrain chaotique, l'œil n'a rien à quoi se prendre. Aussi la sensation ne saurait-elle être artistique. C'est dans l'esprit seulement qu'elle peut naître.

Encore faut-il s'entendre. Parmi les visiteurs de Mycènes — ils sont rares, grâces en soient rendues aux dieux — on en voit qui, ne quittant des yeux leur Bœdeker que pour se coller le nez sur les vieilles pierres, s'efforcent consciencieusement de dégager le plan des ruines. Ils ne comprennent pas, y prennent la migraine, et, à se noyer dans le détail aride, perdent le sentiment de l'ensemble. Jettant le manche après la cognée, ils s'irritent alors, et partent avec une déception. Mais qu'importe de retrouver l'emplacement exact de l'aulé ou des propylées, du prodromos et du mégaron, du gynécée, des tombes des anactes ? Que l'appareil du péribole de l'acropole soit ici polygonal, trapézoïdal ailleurs, en calcaires bruts, brèches ou conglomérats, à joints verticaux, obliques ou concentriques, ce sont choses techniques auxquelles prétendre s'intéresser est d'un pédantisme naïf.

Eût-on pour ce genre d'études une vocation particulière, il y faudrait encore une solide documentation préalable et un long examen sur place. Laissons cela aux prix de Rome d'architecture et aux jeunes gens de l'école d'Athènes.

Bien loin de nous refroidir l'imagination par des recherches stériles, nous devons au contraire la surexciter en appelant à la rescousse toute notre histoire, un peu de philosophie et beaucoup de rhétorique. Tout esprit cultivé et chaleureux est apte à revivre le passé écroulé sous nos pieds dans la poussière des âges, passé ténébreux que traversent des éclairs éblouissants, passé profond dont le mystère enseveli avec lui attire et retient fortement, comme ces choses entrevues dont vous obsède le rêve. Ces pierres écroulées parmi les orges chétives et les maigres pacages d'où quelques humbles familles tirent une pauvre subsistance, c'est le squelette d'une altière et magnifique cité. Nous en pouvons par la pensée reconstituer la chair et le vêtement, qui étaient les marbres, les métaux et la pourpre, tout le faste de l'Asie. Sur la barbare splendeur de Mycènes il nous reste des documents : ces merveilleux objets en or rassemblés au musée d'Athènes, dont l'art très archaïque, et cependant très raffiné, dénote des relations étroites avec la Lydie et la Phrygie, l'Assyrie, la Phénicie, l'Egypte. Car ce morceau de terre n'était qu'un coin de l'empire maritime des fils de Pélops, et les mornes débris que nous avons sous les yeux grandissent de cet élargissement d'horizon vers le mystérieux Orient antique.

Depuis que ce sol desséché a englouti tant de richesses, cent générations l'ont sillonné du fer de leur charrue. Mais il n'importe; indélébilement l'histoire l'a marqué de sa griffe. Plus et moins que l'histoire : la fable, qui en brodant de poésie, de drame, de terreur, d'héroïsme, le fond uni de la réalité, la fixe mieux dans la mémoire des hommes. Un trouble monte, moins au cœur sans doute qu'au cerveau, à songer quelles passions furieuses se sont déchaînées sous le ciel, impassible dans la pérennité de sa lumière, qui éclaire ce farouche ravin. C'est l'abominable festin où fut servie à Thyeste la chair des enfants nés de son commerce avec la femme de son frère. Mais un fils lui restait, plus incestueux encore, qu'il avait eu de sa fille Pélopée. Grandi pour la vengeance, ici il poignarde son oncle. Comme si Atrée n'avait pas suffisamment expié sa cuisine scélérate, son petit-fils aussi tombe sous les coups du même Egisthe, à son tour égorgé par le fils d'Agamemnon, dont la main matricide n'épargne point l'adultère et meurtrière fille de Jupiter et de Léda.

Dans la famille de Clytemnestre et d'Hélène, toutes les vertus se trouvaient du côté mâle, car elles avaient pour frères Castor et Pollux. Soit dit en passant, ce n'est pas une des moindres curiosités de l'invention des auteurs grecs, que cette femme du roi Tyndare donnant le jour à quatre jumeaux, dont deux mortels, étant de son époux, et les deux autres, nés du cygne divin, participant aux privilèges de l'Olympe.

Et l'on songe encore que les échos aujourd'hui muets de la tragique Mycènes ont retenti des lugubres prophéties de l'infortunée Cassandre, des lamentations de la déplorable Electre, des hurlements d'Oreste en proie aux Euménides. Un sourire est mis dans ces souvenirs sinistres par celui d'Iphigénie, de qui les pieds blancs ont foulé les dalles éclaboussées de tant de sang où nous marchons, par la pensée que sans doute l'immmortelle et fatale beauté d'Hélène a rayonné entre ces murailles hautaines où régnait sa sœur. Néanmoins on conçoit sans peine que, délivré de ses remords et de sa démence, le fils d'Agamemnon ait abandonné une demeure patrimoniale hantée de telles visions, et transféré sa capitale dans Argos. Il y trouva la paix de l'esprit, car, après avoir encore, à la fois meurtrier et sacrilège, assassiné Pyrrhus dans le sanctuaire de Delphes, afin de rendre veuve Hermione, fille de sa belle tante et du pauvre Ménélas — la légende est sur ce point plus affirmative que ne le comporte la vertu chancelante de cette princesse — on sait qu'il mourut nonagénaire d'une morsure de serpent.

Joseph Prudhomme ne manquerait pas de remarquer combien l'amour est une passion malfaisante, car on le trouve au fond de toutes ces tueries. Il n'aurait pas tort. Mais il se tromperait en ajoutant que ces augustes personnages étaient de grands scélérats. Mettre, pour les juger, les faits dans leur atmosphère est le rudiment de toute critique. Et pour ne parler que de l'inceste, qui peut préciser le moment exact de l'histoire de l'humanité où est devenu criminel ce qui a été la condition primordiale de son existence ? Ils le savaient bien, Eschyle, Sophocle et Euripide, qui, un millier d'années plus tard, ont écrit ces gestes des Atrides, car, à cette époque de mœurs déjà adoucies, ils étaient pénétrés de

terreur plutôt que d'indignation. La Grèce est
le berceau de la philosophie.

Mais n'avais-je point juré de ne pas repasser
ma mythologie? Qu'on me pardonne. Elle vous
ressaisit en dépit de vous-même, et sans elle
d'ailleurs, que serais-je venue faire sur le tombeau de ce qui fut Mycènes?

Au sortir de « la ville abondante en or », on
oublie ces noires histoires à rouler par la plaine
argolique, « nourrisseuse de chevaux », toute
verte d'orge, de blé, de tabac et de coton, en
traversant de larges lits de rivière, déjà à sec en
avril, où la voiture cahote sur des cailloux blancs.
Le soleil l'inonde, le chaud, le doux, le radieux
soleil, fécond et bienfaisant.

Il n'a pas changé depuis Homère, ce gars
demi-nu dans sa chemise bleue en loques, serrée
par un lien de cuir, le lourd caban de poil de
chèvre pendant aux épaules, qui, nonchalant et
fier, pousse devant lui, du bout d'un rameau
d'olivier, trois ânes dont on ne voit que les oreilles
sous leur charge de bourrées de lentisques et de
genévriers traînant dans la poussière du chemin.
Puis c'est la Grèce des pallikares qui passe, avec
ce cavalier assis au fond de la large et haute selle
turque en façon de fauteuil, sa foustanelle ar-

rondie autour de lui comme une jupe de danseuse, et pressant les flancs maigres de sa monture de ses longues jambes sèches emboîtées
dans des cnémides bleues brodées de noir.

Au milieu d'immenses champs d'artichauts,
de vergers d'orangers, d'amandiers, de figuiers,
qu'enclosent des haies de roseaux et de tamaris,
voici Argos, tout proche le bleu rivage ourlé de
sables d'or. Sa grande rue s'allonge, bordée
d'échoppes à l'orientale et de cafés voûtés, frais
comme des caves, où à côté des tonneaux de
vin résiné, des amphores de grès remplies d'eau
pure, de l'alignement des flacons bleus et rouges
de raki et de mastic. un gaillard taillé en athlète,
avec du poil jusqu'aux yeux, attend, majestueux
et impassible, le client qui n'a pas encore fini
son interminable sieste dans les maisons basses,
roses, bleues, vertes ou blanches de chaux, irré-
gulièrement semées entre des clôtures en pisé
que maintient un chevron de broussailles.

De la cité byzantine et de celle, franque, de
Guy de la Roche, il reste, au sommet d'un haut
cône abrupt, une citadelle de fière mine, avec
des colonnes antiques encastrées dans ses murailles crénelées, qui reposent sur des soubassements cyclopéens. A leur pied éclate en blancheur

aveuglante un couvent accroché au roc. En bas, parmi les cactus, quelques débris romains, et ce qu'il reste des gradins taillés au flanc de la colline d'un amphithéâtre où tenaient à l'aise vingt mille spectateurs, le double de la population actuelle d'Argos.

A douze lieues d'ici, dans les gorges rocailleuses et arides d'Épidaure, peuplées des seuls pâtres vlaques dont les chèvres y trouvent maigre chère, auprès des ruines du temple d'Asklépios et de celui d'Artémis, du tholos de Polyclète, d'un gymnase, d'un stade, des bains romains d'Antonin le Pieux, un autre théâtre, celui-là intact, déploie son colossal éventail de pierre, qui donne cette sensation artistique résultant de l'eurythmie parfaite des lignes et de l'exacte adaptation des moyens au but. Ces gradins superposés donnent quinze mille places, toutes également bonnes par rapport à la scène. Voilà des chiffres à méditer pour ces entêtés de modernisme qui, en rabaissant le passé, pensent exalter le présent, et affectent de considérer la grandeur de la Grèce païenne comme une mystification historique. Si de pareils lieux d'amusement ont été édifiés, ce n'est assurément pas pour en faire accroire aux générations futures, mais parce qu'ils répondaient aux besoins du temps.

Qu'est-il d'ailleurs de si nouveau dans le monde? Ce Hiéron d'Esculape était tout bonnement une station thermale très fréquentée et fort luxueuse, ainsi que l'atteste la richesse des sculptures rassemblées au petit musée des ruines. En ce lieu où la tradition voulait que le dieu fût né des amours d'Apollon avec une princesse de Béotie, avait jailli une source sacrée qui opérait des guérisons miraculeuses, dont il nous est parvenu un curieux registre de pierre. Après avoir conquis la Macédoine, Paul-Emile y vint faire une cure. La tholos était le pavillon des eaux, une rotonde à double colonnade d'ordre corinthien, décorée de fresques et de mosaïques. D'autres édifices dont on a dégagé les traces étaient les hôtels des baigneurs. L'amphithéâtre en représentait le casino, autrement grandiose que ceux de nos Vichy et Aix-les-Bains.

Il est curieux de mentionner qu'à l'aurore de la lutte pour l'indépendance, sur ces gradins et sur ceux d'Argos se réunirent les premières Assemblées nationales convoquées par Démétrios Hypsilanti. Rare et merveilleux pays, où toujours un souvenir d'hier est associé à ceux du lointain paganisme.

Puis, en approchant de Nauplie, brusquement nous nous trouvons rejetés plus en arrière encore, jusqu'aux âges les plus reculés dont l'homme conserve quelque mémoire. C'est, sur un monticule bas fourré d'euphorbes et d'acanthes, les ruines monstrueuses de Tyrinthe, antérieures à celles de Mycènes, une de ces cités surhumaines dont pour l'éternité nous ont humiliés, nous chétifs, les Cyclopes et les Pélasges. On est écrasé devant l'énormité de ces blocs qui se soutiennent par la seule combinaison de leurs équilibres, formant des remparts et des galeries couvertes, curieusement ogivales, d'une épaisseur variable entre dix et vingt mètres. La magnifique barbarie de cette maçonnerie primitive n'empêche que l'enceinte, appuyée de bastions, ne fût disposée avec des défenses fort ingénieuses. Des traces de colonnades et de propylées témoignent de la splendeur du palais, et on y a recueilli d'importants fragments de fresques, de stucs, de pavements de béton aux enduits rouges et bleus. Mais en dénudant ces murailles de leur décoration, le temps a donné aux pierres le poli du marbre et de fines patines d'ambre, de jade, de porphyre, qui mettent un sourire dans cette rudesse.

Bien que Théophraste dépeigne les Tyrin-
thiens comme les plus gais des Grecs, l'aventure
d'Amphitryon telle que l'ont immortalisée
Plaute et Molière semble bien joviale pour la farouche grandeur de sa demeure. Digne berceau
cependant d'Hercule qui y vit le jour, fruit de la
mauvaise plaisanterie faite par Jupiter au vaillant général des Thébains et à la vertueuse Alc-
mène, infidèle sans le savoir. Elle aussi d'ailleurs mit au monde en même temps un jumeau
qui était de son époux. C'est par ces phéno-
mènes physiologiques que le roi des dieux
dorait la pilule aux maris dont il honorait la
couche.

VIII

En appelant Napoli de Romanie la ville que
les Grecs nomment Nafplion, dont nous avons
fait Nauplie, les Vénitiens pensaient sans doute
établir un rapprochement entre son golfe et celui de Naples. La Morée d'ailleurs n'est point la
Roumélie ou Romanie, comme disaient les Italiens. Ce dédain de la géograpbie n'empêchait
point nos pères d'être de hardis et excellents navigateurs, à remonter jusqu'aux Argonautes et
aux Phéniciens.

Quant au golfe de Nauplie, ses beautés sont
perdues pour les habitants de la ville, qui lui
tourne obstinément le dos, tassée entre une
baule muraille de roc lui barrant la mer, et
deux collines très escarpées, avec une large
ouverture sur la campagne fertile, vers Tyrinlhe.

Dans les rues grimpantes, étroites, sombres et
fraîches, se voient encore d'anciennes mosquées
transformées en cafés et en magasins, de vieilles
maisons turques fort branlantes, peintes en
rouge fané, l'étage supérieur en saillie sup-
porté par des chevrons de bois. Le beau quartier est en bas, pas beaucoup plus clair ni plus
aéré, autour de la place de la Constitution, ombragée de deux pins et de deux platanes, que
ne font guère monumentale les deux modestes
hôtels de l'endroit, une caserne, dans la noire façade de laquelle est encastré le lion de saint
Marc, et les vieilles constructions sales et délabrées d'un pénitencier militaire.

Petite ville provinciale où l'existence s'écoule,
rétrécie et terne, sans horizon moral, sans activité physique, dans une nonchalante routine
d'occupations peu abondantes, avec, pour diver-
tissement, le *far-niente*. Hors l'heure de la sieste,
les cafés toujours pleins, et sur la place, l'éternel agora des anciens Grecs, la déambulation
sans but d'une foule exclusivement mâle, bigarrée d'officiers, de pappas, de laboureurs et de
bergers en leurs vêtements de laine blanche,
prolongeant fort avant dans la nuit leur inlassable bavardage. La gare aussi est un lieu d'as-

semblée, une gare rose vif, plantée à même dans un grand espace nu, au pied des fortifications éventrées de ce côté-là, pour faire une large entrée à la ville, qui n'en a guère besoin, et au milieu duquel demeure, isolée et sans objet, la vieille porte vénitienne. C'est là, presque sur la voie, que, le dimanche, joue la musique militaire.

Chaque jour, la chaleur tombée, on se promène lentement sur la route d'Argos, bordée de beaux peupliers blancs aux légers rameaux argentés et cotonneux, entre les fonds marécageux qui descendent vers la mer et de riants vergers remontant sur la croupe des collines, semées, au milieu des vignes et des oliviers, de chapelles, d'ermitages, de couvents, dont les cloches grêles et puériles tintent faiblement l'angelus du soir. Ou bien on s'en va respirer la brise marine sur le large quai de pierre où, au revers du rocher, on accède par des poternes. La vue admirable embrasse le port profond, sorte de lac salé se mourant en pâleur sur les sables d'Argos, avec, en son centre, le fort Bouzi, petit château d'If isolé sur son écueil à fleur d'eau, où le bourreau réside loin des hommes. En face, toujours les montagnes, ce massif d'Arcadie et de Laconie où nous allons pénétrer, et vers l'orient toujours aussi la nappe céruléenne des flots, qui à l'horizon font la mer de Crète.

Au matin, sous le soleil plus ardent, en ce jour voisin de Pâques, que le nôtre à la Saint-Jean, c'est un éblouissement, le tour extérieur de la ville par le chemin de ronde courant au long de l'énorme muraille de granit rouge, hérissée de figuiers de Barbarie, couronnée de bastions, de redans, de courtines agrippés au roc vif. Le bleu de turquoise du ciel et celui, de lapis, de la mer, l'or de la lumière, la rouille sanglante de la falaise, le violet lointain des montagnes, le blanc scintillant des neiges hautaines, celui, violemment cru, des villages semés dans le vert intense de la plaine argolique — vibrante polyphonie qui éclate comme un hymne panthéiste. Les peuples du Midi étaient bien faits pour déifier la matière, et c'est au Nord le règne de l'esprit.

Nauplie a été la première capitale de la Grèce. Auprès de l'arsenal, sur une placette déserte, un triste palais badigeonné de jaune, résidence du nomarque d'Argolide — ce que nous appellerions la préfecture — est l'ancienne demeure de Capo d'Istria, le chef qu'avant Navarin, le pays, pas encore complètement délivré du joug ottoman, avait donné à sa république provisoire. La monarchie établie, pendant deux années le jeune roi Othon y tint sa modeste cour, jusqu'à ce que, fort judicieusement, la glorieuse Athènes eût été choisie comme capitale définitive. Parmi les très insignifiantes églises de Nauplie, il en est une où l'on montre au chambranle extérieur de la porte des traces de balles. Ce sont celles qui furent perdues lors de l'assassinat de Capo d'Istria par les irascibles Maniotes Georges et Constantin Mavromichalis, vengeant l'emprisonnement de leur père et frère, celui que les Turcs appelaient Petros-Bey, qui avait abusé de ses droits de héros pour conspirer contre le gouvernement. Ces féroces passions intestines expliquent pourquoi un prince étranger fut appelé en troisième larron. Si le Bavarois y a échoué, son successeur danois y réussit assez bien pour fournir en faveur du régime monarchique un argument qui donne. à rêver.

Un livre a été écrit sur les Grecs dont après quarante années ils ressentent encore la cuisante blessure. Ce n'est pas sans raison. Nombreuses sont les sottises à relever dans la *Grèce contemporaine*, plaisanteries douteuses, sarcasmes faciles, blague pédante de qui raille tout ce qu'il ne comprend pas, sans compter les anecdotes nettement diffamatoires. Du parti pris de dénigrement qu'Edmond About ne craignait pas d'armer de mauvaise foi, de cette perfide façon de présenter un fait, qui en dénature absolument la vérité, je citerai un exemple caractéristique dans son insignifiance. Vous lisez en tête d'un chapitre : « Mon professeur cire mes bottes. » Toute vérification faite, c'est son valet de chambre qui lui enseigne le grec moderne. Un rien de différence, comme vous voyez. N'ai-je pas été servie à table dans une maison hellénique par un domestique qui avait demandé à ses maîtres une heure de liberté chaque jour pour apprendre le français ?

Tout l'ouvrage d'Edmond About est conçu selon ce système de légèreté voulue et de perfidie venimeuse. Pour avoir vu dans l'Eubée quelques galopins chrétiens jeter des pierres à une mosquée — ils en font autant à leurs églises, le respect des choses saintes n'étant pas la vertu de ces demi-païens que sont restés les Grecs — il déclare que les musulmans demeurés dans le pays « ont cent fois plus de raisons de se plaindre de leurs esclaves d'hier, devenus leurs maîtres, que les rayas n'en ont jamais eu d'accuser

6

les Turcs de tyrannie ». Cette plaisanterie ne vaut pas d'être discutée. Et si même on lui avait rappelé les égorgements de Chio et les massacres des Phanariotes à Stamboul, lorsque le patriarche grec fut pendu à la porte de sa demeure, murée depuis en signe d'éternel deuil, ce bel esprit, qui se disait ami de la liberté, aurait répondu sans doute que c'était la juste rétribution de l'impertinence des Hellènes à se révolter contre cette Porte tout aimable.

Mais il a fait pire, et que ne sauraient lui pardonner les gens de cœur : c'est d'insulter à l'héroïsme. Il a osé écrire cette phrase odieuse : « Depuis qu'on les a délivrés, les Grecs se figurent qu'ils se sont délivrés eux-mêmes. » Et il donne en faveur de leur impuissance cet argument génial que, sans les exploits de Fabvier, ils n'auraient pu attendre Navarin et que le général Maison serait arrivé trop tard. Cela est fort possible, attendu qu'après cinq ans de lutte désespérée soutenue un contre dix, quand les philhellènes sont venus à la rescousse, les Grecs râlaient dans leur sang. Un contre dix, c'est bien cela : ils étaient cinq mille à Missolonghi, qui une année durant tinrent en échec quarante mille hommes, la fleur des troupes ottomanes et égyptiennes, sous un général comme Ibrahim-Pacha, sans compter l'escadre les bloquant par mer. Et si la présence de Byron parmi eux fait honneur au chevaleresque courage du poète, on ne saurait pourtant prétendre qu'il a défendu la ville à lui seul.

Les Grecs n'auraient pu attendre plus long-temps le secours de l'Europe?... C'est à croire. Mais ils ne l'avaient pas attendu pour se jeter dans la mêlée, les soldats de la première heure, Marcos Botzaris en Épire, à Patras l'archevêque Germanos, le Magne avec Mavromichalis, la Morée sous Hypsilanti, Negris, Kolokotronis, Mavrocordato, dans les îles les frères Condouriotis, Tzamados, Jacob Tombazis, André Miaoulis, Constantin Canaris enfin, qui doit à Victor Hugo la réputation du plus brave parmi ces braves — tous mettant au service de la patrie non-seulement leur vie, mais ce qui se sacrifie moins facilement encore, leur bien.

A propos du dernier de ces grands noms, dont il ne pouvait affecter d'ignorer les hauts faits, Edmond About a trouvé un ingénieux moyen de placer sa pointe venimeuse. « Quand il allait incendier une flotte à bout portant, il était un objet de stupéfaction pour la nation entière. »

Stupéfaction, je ne sais : admiration, à coup sûr ;
et non pas seulement de la part de ses concitoyens, parmi lesquels néanmoins il a trouvé
assez d'émules. Et c'est précisément à cause de
cela, qu'attentives à tant d'intrépidité et d'achar-
nement, qui dans une lutte aussi inégale ne suf-
fisaient point à maîtriser la victoire, voyant la
Grèce agonisante, les puissances ont fini par lui
prêter main-forte. De ce que cette suprême assistance a été décisive — et encore l'expédition
de Morée n'a-t-elle été qu'une marche militaire
et l'écrasement à Navarin de la flotte ottomane
l'effet d'un hasard, à peu près sans effusion de
sang du côté européen — faut-il donc conclure
que les Grecs étaient incapables de combattre
leur combat ?

Ce détracteur systématique d'une des plus
belles pages du livre d'or de l'héroïsme a
presque prononcé le mot de lâches. « Leur
patriotisme va-t-il jusqu'à affronter les balles ?
J'ai entendu quelques vieux soldats affirmer
qu'ils étaient tous des poltrons. Je crois être plus
près de la vérité en disant qu'ils ont un courage
prudent et réfléchi. Ils ont surtout combattu en
tirailleurs derrière les buissons, et appuient volontiers leur fusil sur un arbre pour assurer le

coup. » Il est certain que, quand les trois cent cinquante pallikares de Botzaris ont attaqué dans leur camp de Karpénision et mis en déroute quatre mille cinq cents Turcs, ou lorsqu'avec cent cinquante Rouméliotes Kitzos-Tsavellos a repoussé l'attaque de dix mille hommes commandés par Reschid-Pacha en personne, ils ont dû recourir à la surprise et à la ruse. Ce normalien avait de l'art de la guerre une conception bizarre. En ajoutant : « Quelques-uns de leurs soldats ont été assez hardis pour se risquer en plaine, mais ce n'est pas le plus grand nombre », il se représentait sans doute comme seules conformes aux lois de l'honneur, des batailles rangées, en rase campagne, réglées comme un duel, à l'égalité des armes près, et dût un simple canif s'escrimer contre un espadon. C'est pitié d'entendre un homme d'esprit dire de pareilles choses, et, ma foi, vivent les brutes héroïques !

Avec plus de justesse et de justice il a été dit que trop de ces braves avaient dégénéré en voleurs de grand chemin. C'est que toute population contient un élément turbulent, indiscipliné, impatient de la vie régulière, sans goût pour les travaux pacifiques de la culture et de

l'industrie, pépinière d'intrépides soldats, surtout pour des guerres de partisan, et de tous ces
coureurs d'aventures, sans peur mais non sans
reproche, auxquels l'humanité doit de n'être pas
demeurée stationnaire, mais qui dans un État
organisé constituent un ferment de désordre.

Sans vouloir poétiser une profession indubi-
tablement peu honorable, il est permis de rappeler qu'elle a eu pour origine une forme de ré-
bellion de la croix contre le croissant. Victime
d'un excès d'arbitraire, de cupidité, d'insolence,
sa maison brûlée, son troupeau confisqué, sa
fille outragée, le raya prenait la montagne. Cependant il fallait vivre. De piller le Turc, ce qui
était œuvre pie, on glissait aisément dans la tentation de piller le chrétien.

Entre ce brigandage et celui qui a survécu à
la *libération de la Grèce*, il n'y avait que l'é-
paisseur d'un cheveu. La langue le sait bien, car
elle différencie par une seule lettre le *klephtis,*
ce franc-tireur un peu pillard, du *kleptis* qui est
un vulgaire voleur, mot dont nous avons forgé
celui de kleptomanie.

Avec l'adoucissement des mœurs, la pacifica-
tion des esprits, l'amollissement produit par un
bien-être relatif, la disparition graduelle des

hommes qui, ayant porté les armes dans un but patriotique, avaient conservé l'habitude d'en faire usage pour un objet moins louable, la Grèce s'est assainie. Complètement?... Si vous y parlez de l'insécurité de certains parages, on sourit de votre naïveté. Du brigandage!... Voilà belle heure qu'il n'en est plus question. Cependant, en nous proposant la visite des prisons de Nauplie, afin de nous décider à cette rude ascension, on nous promet que nous y verrons des brigands. Les derniers alors? On ne répond ni oui ni non. Pour éluder les questions embarrassantes, les fils d'Ulysse sont d'une inépuisable fertilité en tours dilatoires, en ingénieuses contradictions, en explications ambiguës, quoique plausibles, qui satisfont passagèrement, sans rien élucider à la réflexion.

En tout d'ailleurs règne ici l'imprécision. Demandez aux Naupliotes le chiffre des marches de l'escalier accroché en lacet au flanc du mont Palamède pour grimper à la citadelle, ils oscilleront entre sept cent cinquante et huit cent soixante-quinze. Les ayant montées, j'en aurais pu faire le compte. Mais sous les ardeurs d'un soleil qui darde dru, le courage défaille pour cette numération, d'ailleurs sans importance.

C'est très haut, voilà le plus sûr, et ceux de la garnison qui ont des troubles du côté du cœur ne doivent pas souvent descendre en ville. Il y a bien par derrière un chemin dévalant entre des éboulis de pierrailles rouges, mais si rugueux et abrupt qu'il est pire encore.

Juché considérablement au-dessus de l'ancienne acropole, dont les soubassements antiques supportent des constructions turques, le sommet du Palamidi, aux escarpements hérissés d'aloès et de cactus énormes, est casqué d'une de ces vieilles citadelles à remparts crénelés et percés de meurtrières, avec des bastions ronds et trapus flanqués de sveltes échauguettes, qu'aujourd'hui dédaignent les officiers du génie, mais qui consolent les artistes de la platitude des fortifications modernes. Les Francs l'ont bâtie, car c'était ici un duché aux Villehardouin ; Venise l'a rajeunie et transformée. Beaucoup des canons qui l'arment portent sur leur bronze l'effigie du lion de Saint-Marc, et remontent à l'époque du victorieux doge Morosini. Longtemps jugée inexpugnable, et n'ayant en effet été réduite que par la famine, elle est très formidable encore. Dédale de cours et de courtines, de portes et de poternes, d'escaliers, de fossés, de pont-levis, de glacis, de

chemins de ronde, de redans et de barbacanes,
d'avancées, de réduits, de souterrains, de case-
mates, comprenant sept forts distincts, que re-
lient des ouvrages aux détours complexes, cette
rude maçonnerie, rouge comme le roc auquel elle
s'agrippe, ne parvient pas à être rébarbative sous
les torrents de lumière d'or qui la noient, tout
près du ciel bleu. Des constructions blanches
l'égayent, casernes et poudrières, et de petits jardins suspendus, où les iris, les roses, les sauges,
les anémones, les verveines fleurissent à l'ombre d'un palmier, d'un olivier, d'un figuier planté
en vigie sur la crête d'un mur où l'a semé le
caprice du vent.

On ne s'ennuie pas dans cette forteresse.
Comme nous nous arrêtons à l'entrée du fort
Thémistocle, pour jeter un regard sur le pano-
rama immense et radieux, en notre honneur
sans doute, les hommes du corps de garde orga-
nisent, sous l'œil paternel de leurs officiers, cette
grave farandole balancée et nonchalante qui est
la danse nationale, lentement rythmée par le
chant monocorde d'un d'entre eux, et menée par
un joli garçon de sergent vif et leste, la moustache
en l'air et la mine avisée. En ce pays brave, mais
peu militaire, l'armée ne saurait exister sans une

bonhomie un peu relâchée dans la tenue. La discipline prussienne n'y réussirait point.

Après la confiture sèche et le verre d'eau réglementaires, suivis du café et du verre d'eau derechef, offerts par le lieutenant de garde au fort Miltiade, qui sert de geôle, on nous conduit sur une terrasse dominant le préau, que traverse une passerelle de bois d'où, du canon de leur fusil chargé, deux factionnaires tiennent en respect ce misérable troupeau humain. Dans le légitime amour-propre de ne nous laisser voir que ce dont ils ont lieu de s'enorgueillir, certains de nos amis grecs ont regretté qu'on nous ait montré ceci. Il est positif que les prisons helléniques ne sont pas le modèle du genre. C'est une chose horrible, ce puits humide et noir autour duquel s'ouvrent les cellules, véritables culs de basse-fosse, entassées, fétides, luisantes de crasse et grouillantes de vermine. D'en bas, les détenus nous tendent au bout de longues perches ces menus objets d'os, de corne et de bois naïvement travaillés, puérils amusements de tous les bagnes. Un chien savant qui a pour maîtres ces malheureux, et n'en est pas moins fier, nous exhibe ses petits talents. Les quelques pièces blanches distribuées se traduisent en légères douceurs, dout la plus goûtée est le tabac.

Est-ce une distraction pour eux que notre visite? N'est-il point cruel au contraire de les dévisager ainsi que les animaux féroces d'une ménagerie? Leurs sentiments sur ce point .sont incertains sans doute et probablement divers. Quelques-uns nous regardent d'un œil farouche, sous le front bas et têtu, barré d'un pli de haine. D'autres, à l'expression sournoise, nous décochent des sourires faux, destinés à être gracieux. Il en est qui ne font aucune attention à nous, ceux-ci allant de long en large dans l'étroit promenoir, comme des ours en cage, causant et fumant avec autant d'aisance apparente que s'ils faisaient leur tour sur la place ; ceux-là, assis sur les degrés de pierre dans des attitudes de fauve en arrêt, semblant absorbés en un rêve de meurtre ou de rapine. Plusieurs ont la mine de fort braves gens, tandis que la physionomie de certains sue tous les vices et toutes les férocités.

C'est qu'en effet bien divers sont les crimes qui les assemblent. Ils n'ont pas de costume uniforme et conservent chacun ses vêtements, propres ou en guenilles. Nous en remarquons un en foustanelle et chemise très blanches, le gilet bleu et les guêtres assorties élégamment brodés,

beau gars élancé et nerveux, à la taille de guêpe,
à la fine moustache d'un blond ardent, à la tournure patricienne, qui, sa cigarette d'une main,
de l'autre roulant les grains de son chapelet
d'ambre, et levant par instants sur nous un grand
œil hardi et fier, pose manifestement pour les
visiteuses. L'affreux cliquetis dont sont accom-
pagnés ses pas indique cependant qu'il appartient à la catégorie des condamnés à mort. En
tire-t-il vanité ? On le croirait, à le voir arranger
avec coquetterie les chaînes rattachant à sa ceinture les fers qu'il porte aux pieds.

Assurément mieux vaut pour nous le ren-
contrer ici qu'au coin d'un bois, ce bel échan-
tillon du klephte célébré par la poésie romantique. L'ami qui nous accompagne, avocat
de son état, le connaît, ainsi que d'autres, ses
anciens clients, avec lesquels il échange quelques propos affectueux. Cet homme a beaucoup
de sang sur les mains ; mais, comme c'est le
cas de nombre de ses pareils, ses crimes sont
ceux de la panthère, non pas du chacal. Jalousie
passionnelle, vendetta héréditaire, antagonisme
politique, querelle de chasse, rivalité d'influence
locale, discussion sur le bornage d'un champ ou
la propriété d'un olivier limitrophe, propos atten-

tatoires à l'honneur de la famille — ce cas-ci très fréquent — il n'en faut pas davantage pour que les couteaux soient dégaînés dans une rixe ou des coups de fusils tirés dans un guet-apens. Car ici le port d'armes est libre. Le Grec ne souffrirait pas une interdiction où il verrait une injure à sa dignité virile. Ces violences naguère étaient envisagées d'un œil débonnaire par les autorités musulmanes, uniquement soucieuses d'extorquer de l'argent et de faire leur kief. L'indulgence a d'abord survécu au changement de régime. Mais à mesure que la Grèce s'ordonnait, il fallait sévir avec plus de rigueur. Et voilà pourquoi ce beau garçon est en prison, attendant insoucieusement son exécution en compagnie de quinze autres, qui traînent avec un bruit sinistre leurs fers sur les dalles du préau.

Un de ceux de qui nous avait frappés l'expression sauvage, hercule à facies brutal et rusé, mangé de barbe noire, a tué auprès d'Olympie trois personnes de la même famille, pour une puérile vengeance. Un autre est un vrai brigand, c'est-à-dire qu'il rançonnait les voyageurs sur la frontière de Thessalie, où la complicité subventionnée des zaptiés turcs assure aux chevaliers de grand chemin un asile en territoire ottoman.

Cependant il ne faudrait pas se laisser égarer par un mot. Selon la loi pénale grecque, fort rigoureuse afin d'extirper la racine du mal, non seulement l'agression à main armée sur la voie publique ayant pour mobile une extorsion d'argent, mais aussi toute menace à cet effet sont qualifiées brigandage et punies de mort, si minime que soit la somme et n'y eût-il pas homicide. C'est généralement le cas, la rançon étant proportionnée aux moyens de chacun, et Harpagon lui-même, pour sauver sa peau, aurait vidé sa cassette.

Malgré cela, le pourcentage de la criminalité en Grèce demeure très faible. Inconnus, ces forfaits hideux qui souillent nos civilisations alcoolisées. Il en est de même du vol domestique ou avec effraction, du cambriolage et autres variétés de rapine. Les tribunaux correctionnels, fort oisifs, n'y ont guère à connaître que de coups et blessures. Pas davantage de vagabondage et de mendicité. En ce pays très pauvre, hormis une fois un moine loqueteux, jamais je n'ai vu tendre la main, sinon pour serrer la mienne avec une naïve familiarité. Quelques infirmes sans famille, autorisés en quelque sorte, reçoivent du public des subsides plutôt que l'aumône. Largement suffisants sont les deux seuls asiles d'indigents du royaume, à Corfou et à Athènes, qui n'en renferment pas plus de trois cents. La solidarité du sang est si forte, que les parents les plus éloignés s'imposent de très lourds sacrifices pour épargner à la famille pareille disgrâce. Et personne ne voit de honte à vivre de l'assistance des siens. Un proverbe grec le dit : « Il faut une main pour laver l'autre et les deux pour la figure. »

Peu après notre passage, j'ai appris l'exécution de nos brigands de Nauplie, un excepté, qui s'est dérobé à l'échafaud par le suicide. Je ne sais pourquoi, j'imagine que celui-là était le beau gars, de fière et pittoresque tournure, qui avait pris pour nous des attitudes. Bien que d'ordinaire fort peu encline à m'attendrir sur ceux qu'on tue parce qu'ils ont tué, la nouvelle ne m'a pas laissée insensible. Car en songeant à eux, le souvenir m'est revenu de cette histoire que je tiens d'un ancien procureur du roi à Athènes.

Certain soir, il reçoit un billet anonyme lui disant : « Allez à la prison et faites-vous ouvrir la cellule de Lingos. Vous ne l'y trouverez pas. »

C'était un condamné à mort à la suite d'une longue carrière de brigandage. Un peu inquiet et très intrigué, M. B...s y court. Sans se troubler, le geôlier lui confirme l'exactitude de l'information.

— Eh quoi ! s'exclame le magistrat, l'as-tu donc laissé s'évader ?

— Ne vous mettez point en peine, répond l'homme. Il a appris que son ancien maître, le général X..., est mourant au Pirée, et il a voulu aller lui baiser la main. Demain matin il sera revenu.

M. B...s, qui ne partageait pas cette noble confiance, eut un sommeil troublé. Dès la première heure cependant, le condamné avait repris sa chaîne et dormait comme un juste.

Ce trait valut au nouveau Régulus une commutation de peine, à la satisfaction générale, car les Grecs ne ressentiront jamais pour leurs brigands les sentiments que nous inspirent nos malfaiteurs. Un Lingos, en effet, ne saurait être confondu avec un vulgaire escarpe.

IX

LES PLATEAUX D'ARCADIE

Si c'est afin de complaire aux rares touristes qu'une compagnie belge a amorcé dans le sud du Péloponèse plusieurs tronçons de voie ferrée, il l'en faut louer, car pour gagner les plateaux d'Arcadie, le train qu'on prend vaut presque, comme agrément, sa propre voiture et va un peu plus vite, tout en laissant très suffisamment regarder le paysage. Par toute la Grèce, les convois marchent à l'allure nonchalante de vingt-cinq kilomètres à l'heure, tant parce que, fort longs et extrêmement mixtes, ils sont traînés par des machines d'assez faible puissance, qu'à cause des arrêts prolongés auxquels les oblige une voie unique.

Pourquoi s'en plaindrait-on ? Toute hâte qui ne répond pas à un besoin est de la névrose.

Et en cet heureux pays, personne n'est jamais pressé, nous moins que quiconque. La mégalomanie a déjà fait ici beaucoup de mal. Peut-être même est-on trop allé de l'avant pour ces chemins de fer, si gais, si amusants — hors aux yeux des actionnaires. C'est un bonheur pour l'Etat, que sa banqueroute l'ait contraint de différer l'exécution de la grande ligne de 430 kilomètres qui doit mettre Athènes en communication avec la Thessalie. Que du moins ceux qui existent soient maintenus à l'état modeste, mais honorable, de tramways à vapeur. L'exploitation en coûte moins cher, les marchandises finissent toujours par arriver et le touriste y trouve son compte.

C'est ainsi qu'à Myli, qui doit son nom aux moulins actionnés par les nombreux ruisseaux descendus du mont Potinos et courant à la mer toute proche, l'on a ample loisir de considérer au passage les Nausicaa du cru lavant leur linge dans ce qui fut l'antre de l'hydre de Lerne. Ces fonds fiévreux, où les joncs et les flèches d'eau se mêlent à l'herbe grasse, d'un vert perfide, qui semble une prairie et recouvre un marais, c'est ce qui reste du lac Alcyonien, en partie desséché aujourd'hui.

Le train a toutes les excuses du monde d'aller lentement en se hissant par une voie en spirale, le long des gorges sauvages qui ravinent les contreforts du Kténia et du Parthénion. Les torrents y sont secs comme carême, et marécageux cependant les fonds de cette immense cuvette de roc, ancien lac volcanique sans doute, aux tons chauds de jaspe et de porphyre. Mais à l'aspect de ce pays rompu, déchiré, dévasté, on comprend ce qu'y doit être terrible l'irruption des eaux.

Le Saranda Potamos est particulièrement enclin aux crues subites et impétueuses, rivière singulière qui, détournée une première fois de son cours par le roi spartiate Agis, a contracté l'habitude de vagabonder à son caprice, et par places s'escamote malicieusement en de ces gouffres analogues à la perte du Rhône, qu'on nomme ici « katavothres ». En montant, les pentes s'habillent de bruyères et de rhododendrons en même temps que de thym et de romarin. Autour des villages qui y sont accrochés, les noyers opulents fraternisent avec les oliviers devenus malingres. Si on se demande de quoi vivent les habitants de cette région rocailleuse, à y voir quelques orges seulement blondir dans les combes où s'est tassée un peu de terre végétale, on n'en considère qu'avec plus d'étonnement les ruines féodales d'une véritable ville écroulée au flanc d'un cône abrupt, planté comme une colossale tour de guette.

Puis tout à coup, au débouché d'un col, c'est une Grèce tout autre que celle dont ce nom évoque la vision brûlée : vaste plaine aux aspects froids, ceinte de montagnes bleuissantes sur un ciel pâle, toute verte de blé et de maïs, de plantations de mûriers et de bois de chênes verts, plaqués d'étangs au miroitement d'acier bleui, autour desquels croît le chanvre indien, le redoutable haschish. Magnifique champ de bataille où se sont heurtées bien des phalanges : Achéens contre Spartiates, Tégéates contre Mantinéens, en outre des trois grandes victoires de Philipœmen, de Démétrius Poliorcète, d'Epaminondas enfin, que les Thébains ensevelirent sur le lieu même de son suprême exploit, en un point dont les générations ont perdu le souvenir.

Mantinée « l'aimable » offre aux curieux d'archéologie ardue un amas de ruines antiques, romaines et byzantines, croupissant en des marais au lieu dit Palæopolis, «l'ancienne ville». C'est avec ses pierres, celles de Tégée et de Pallantion que les Turcs ont construit « la ville triple », Tripolis, usuellement désignée par son diminutif slave Tripolitza, résidence du pacha de Morée, devenue chef-lieu du nôme d'Arcadie, où l'on nous assure, non sans quelque orgueil, que chaque hiver voit de la neige en abondance.

Tout est relatif et les Grecs exagèrent volontiers. Ainsi pour le chiffre des victimes des deux grandes tueries qui, à quatre années de distance, l'ont noyée en des torrents de sang : d'abord, au début de l'insurrection, les troupes de Kolocotronis massacrant la population musulmane, puis les terribles représailles exercée sur les chrétiens par Ibrahim-Pacha. Dans ces deux cas, j'imagine qu'on ajoute facilement un zéro. Toutefois ce fut effroyable. Etait-il là, ce klephte d'Argolide, Nikitoros, dit le Tourcophagos ? D'autres « mangeurs de Turcs » ne faisaient point défaut. On raconte qu'un de ces redoutables Hydriotes, les premiers à l'œuvre de l'indépendance et les plus furieusement intrépides, se présenta au chef, souillé comme un boucher, se vantant d'en avoir de sa main égorgé quatre-vingts, hommes femmes, et enfants. Frappé d'horreur devant ces férocités qu'il avait déchaînées, Kolocotronis le chassa de sa présence. Il faut songer aux siècles d'une tyrannie exécrable qui avait pesé sur ces hommes. Pour les Grecs, ce n'est pas le vendredi qui est le jour néfaste, mais le mardi, en souvenir de la date calamiteuse de 1453. L'entrée de Mahomet II à Constantinople a renouvelé pour les chrétiens de l'empire d'Orient le crucifiement du Sauveur. Si les ossements engraissent la glèbe, le sang peut-être la stérilise, et c'est à celui dont elle est saturée que la Grèce devrait d'être aussi inféconde.

Ressuscitée de ces cendres, Tripolitza est aujourd'hui une des douze villes du royaume dont la population dépasse dix mille âmes. Pacifiques et industrieux sont ses habitants, occupés au tissage de fort beaux tapis haute laine à dessins orientaux et de cotonnades de couleur, travaillant le maroquin, trafiquant de vins et de céréales, de noix de galle et de cocons. Où les mœurs seraient-elles arcadiennes, si ce n'était ici ? Visitant la ville sous la conduite du démarque et du nomarque — en langue vulgaire le maire et le préfet — qui, ne parlant français ni l'un ni l'autre, s'étaient adjoint le secrétaire général de la préfecture, aimable fonctionnaire fraîchement débarqué d'Athènes, avec, quinze pas en arrière, pour nous faire honneur, l'escorte d'un domestique en foustanelle et de deux agents de police en uniforme, nous passons devant un jardin fleuri de lilas. Sans plus de façons, M. le préfet nous y fait entrer et en coupe, pour nous les offrir, les plus belles branches. Le propriétaire était un boulanger, de qui nous avions traversé la boutique. Loin de trouver mauvais cette intrusion et ce pillage, payés d'un simple « bonjour » — ce *kaliméra* qui est le plus beau fleuron de notre vocabulaire fâcheusement limité — il court après nous dans la rue, afin de présenter à son tour aux nobles étrangères deux petits bouquets de pensées hâtivement cueillies.

La bonne grâce du peuple n'a d'égale qu'une familiarité qui d'abord étonne un peu. Déjà la veille, comme notre hôtelier nous accompagnait à la gare de Nauplie, pour veiller à l'expédition de notre gros bagage sur Athènes, s'étant rencontré avec nos amis qui nous faisaient la conduite — ces amis de quelques jours, inconnus hier et qu'on ne reverra jamais — il avait pris sa part du café des adieux et nous avait affectueusement tendu la main, comme les autres. Celui d'aujourd'hui nous conduit au débotté à la

mairie, où nous avions une lettre à remettre.
Le .« *Kyrios dimarchos* » étant sorti, c'est
Mme Christopoulos qui nous reçoit. Elle ignore
aussi totalement la langue de Bossuet que nous
celle d'Homère. Mais il y a sa sœur, Mlle Callirhoé,
qui parle un peu français. Bénie soit-elle ! Laborieuse quand même et cahotée, la conversation.
Et nous voilà tous assis en rond, y compris notre
publicain, qui, comme la chose la plus naturelle
du monde, se roule une cigarette avec du tabac
puisé dans une coupe sur la table. Et quand une
servante passe le plateau à la ronde, il se sert à
son tour, en toute simplicité.

Car il faut passer par le cycle invariable des
rafraîchissements, fond de la politesse orientale.
D'abord les confitures, de roses quelquefois, le
plus souvent de pêches, d'abricots, de cerises ou
de fraises, de caroubes ou de jujubes. Le plateau
s'arrête devant vous. Vous prenez une petite
cuiller, vous la plongez dans le pot, vous avalez,
vous mettez la cuiller dans un verre d'eau, vous
y buvez et vous le reposez en place, les autres
vous considérant avec gravité, ce qui vous oblige
à déployer toute la grâce dont vous êtes suscep-
tible. Deux minutes plus tard, seconde tournée.
Cette fois ce sont des petits verres de raki ou de

mastic, cette anisette parfumée de genièvre et fleurant légèrement la fumée. Le devoir ne vous oblige pas à le vider, non plus que le verre d'eau qui suit. Ces bagatelles de la porte sont aux fins de donner le temps de faire bouillir le café, qui arrive tout mousseux de son marc, en ces tasses minuscules dont on absorbe en une journée un nombre indéfini, avec plaisir car il est excellent, sans inconvénient, étant adouci par une admixtion de seigle torréfié, et même pour le plus grand profit de sa santé à titre de fébrifuge. Puis le verre d'eau derechef. Elle est très bonne en Grèce, disent les gens qui s'y connaissent. Et ces éternels altérés discutent la qualité d'une source, comme on fait ailleurs de celle d'un cru.

Tout cela est turc. Le bazar l'est également, partagé en quartiers distincts selon les corps d'état ou les branches commerciales, avec ses échoppes basses que surplombe un grand auvent, les marchands accroupis sur leur comptoir et roulant leur chapelet en attendant le client, les ouvriers à qui leur travail le permet également assis à jambes rebindaines.

Comme édifices publics, on nous montre avec tristesse le morne squelette d'un palais de marbre, commencé sur un plan grandiose à l'intention d'une résidence d'été pour le diadoque, « l'héritier » — celui que partout ailleurs qu'en Grèce on appelle le duc de Sparte — et que la banqueroute nationale a laissé inachevé avec bien d'autres choses. En revanche ils tirent grande vanité d'une belle métropole toute neuve, toute blanche, juchée au sommet d'un perron monumental et absolument dénuée d'intérêt artistique. Pourquoi avoir déchu du rang de cathédrale la jolie petite église *Haghios Dimitrios* ? Réduite en cendres par Ibrahim-Pacha, elle a été reconstruite exactement telle, avec son magnifique iconostase tout doré, ainsi que les chapiteaux, qui sont dans le style d'une riche fantaisie byzantine de ceux de Saint-Vital de Ravenne, la chaire et la cathèdre du métropolite en bois sculpté noir et or, surmontées, comme d'usage, de la colombe symbolique du Saint-Esprit.

A propos des nombreuses et curieuses icones qui s'y trouvent, il est bon d'apprendre à ne point confondre saint Démétrius avec saint Georges. Tous deux sont représentés en armure, pourfendant le dragon de leur lance, mais celui-ci monté sur un cheval blanc et l'autre sur un cheval rouge... Un scrupule me vient : peut-être est-ce le contraire. Ceux que j'induirais en erreur me le pardonneront.

Il est poétique et charmant d'être en Arcadie, mais seulement jusqu'à l'heure du coucher. Si déjà les hôtels de Nauplie n'ont rien de commun avec les divers « Continental » ou « Bristol » qu'on a l'habitude de fréquenter, celui de Tripolitza devient cruellement primitif. Mais que sert de se plaindre ? Il est fait pour des besoins qui ne sont pas les nôtres, et peut-être sommes-nous dans notre tort en étant aussi exigeants.

Comment d'ailleurs garder rancune à cet aimable pays ? Au moment où nous attaquons un dîner dont la frugalité a pour assaisonnement un appétit qui étonne et scandalise quelque peu l'aubergiste — avoir été notre commensal chez le démarque ne l'empêche pas de nous changer nos assiettes — on nous annonce M. le directeur du télégraphe. Nous n'avons pas le plaisir de le connaître, mais il nous dit en excellent français qu'informé de notre passage, et ayant ouï parler de nous par son frère qui nous a vues à Patras, il vient se mettre à notre disposition.

Nous apprécions cette gracieuseté plus que celle de l'auberge qui fournit des pantoufles sous les lits, et sur les commodes des peignes et des brosses — *horresco referens !* Ils doivent nous trouver vraiment bien ridicules de nous encombrer de petits colis si pleins d'ustensiles complexes et bizarres, à notre usage strictement personnel. Et la vue d'un tub en caoutchouc a de quoi prêter aux commentaires des très moustachus Georgiakis et Petrakis, Spiro et Aleko qui cumulent l'emploi de cajmériste avec celui de sommelier.

Faire des gorges chaudes de cette naïve simplicité est si facile, que cela n'en vaut vraiment pas la peine. Et au surplus, les Anglais qui voyagent à la découverte de certaines provinces perdues de France, où nous n'allons jamais, nous en content des détails guère moins pénibles pour notre amour-propre national.

Ces gîtes fâcheux ont cela de bon qu'ils adoucissent le lever matinal, si cruel d'ordinaire à nos paresses. Qu'on en a vite oublié l'ennui, à rouler par la campagne solitaire, dans la fraîcheur argentée des premières heures du jour. Un landau très décent, que deux vaillantes haridelles mènent bon train tout au long de soixante kilomètres d'une route médiocre, avec des empierrements raboteux, des ponts sans parapets, des tournants alarmants, quelques torrents passés à gué. On monte, on descend, on remonte. On passe des cols, on dévale dans des gorges, on gravit de nouveau des escarpements. Un air pur et léger nous grise doucement, jusqu'à ce que le soleil qui monte nous alanguisse en une délicieuse torpeur, d'où nous sort un arrêt brusque.

Les paroles sont inutiles pour s'entendre : à voir notre *hamaxas* descendre le panier des provisions, nous avons compris que c'est le lieu où l'on déjeune. Un petit *khani* sur le revers du chemin. L'homme nous salue gravement de la main posée sur le cœur, puis portée au front, et dispose à l'ombre grêle d'un amandier une table et des escabeaux, de lourdes assiettes, des verres épais. Nous sortons nos couverts de poche et nous attaquons le carré d'agneau froid et le poulet étique. On nous fait le café. Les chevaux, vaguement bouchonnés, ont mangé leur brassée d'orge verte. Nous voilà repartis, continuant par échelons l'escalade de la chaîne du Parnon.

Agrafés aux pentes, dans les lointains bleus, quelques villages éclatent en blancheur entre des rideaux d'oliviers et de figuiers, de peupliers blancs et de chênes verts. Nous serpentons à travers de maigres pacages, dont l'herbe est aussi grise que les pierres, et qui nourrissent d'immenses troupeaux de moutons et de chèvres, avec même quelques rares petites vaches. Parfois nous les croisons sur la route, où ils soulèvent des flots de poussière d'or. Il faut nous arrêter alors, crainte d'écraser les agneaux et les cabris, et un *kaliméra* nous est jeté poliment par les bergers d'allure vraiment anacréontique, en leurs draperies de laine blanche, avec leur silhouette fière et svelte, leur marche lentement et harmonieusement rythmée, poussant leurs bêtes d'un rameau d'olivier, tandis que de loin, sur la lande, d'autres nous regardent passer, appuyés des deux mains au long bâton dont la crosse se recourbe au-dessus de leur tête. Des bergers d'Arcadie — on n'a point envie de sourire du mot, tant ils sont dans leur cadre au milieu de grands espaces lumineux qu'arrêtent ces lignes fines et fortes, enveloppées et pourtant précises, dont l'exquise eurythmie a nourri les Grecs antiques du sentiment de la beauté.

Tout d'un coup, du haut d'une sorte de terrasse, très bas au-dessous de nous, la plaine de Laconie se déroule à nos yeux éblouis : une houle de verdure pâle où le soleil jette ses flammes, coupée en deux par l'onduleux ruban d'argent de l'Eurotas qui coule, abondant et rapide, entre les roseaux et les lauriers-roses, et, barrant l'horizon, colossal, farouche, éblouissant, le Taygète — le

Pentadactylos, « montagne aux cinq doigts », semblant une gigantesque main de neige dressée vers le ciel. A ses pieds, noyé dans les oliviers et les mûriers, un point blanc, infime. C'est Sparte.

X

LA JEUNE SPARTE

Seuls les archéologues endurcis peuvent trouver quelque intérêt aux insignifiants débris de la ville de Lycurgue, épars dans les herbes fleuries et les champs d'orge ou de maïs. Celle du roi Othon est un grand village neuf, aux larges voies géométriques, ensoleillées et poudreuses. De Lacédémone, dont l'emplacement s'est longtemps appelé Palœochôri, « le vieux bourg », on ne reconnaît plus que le Platanistas, cette île verte et fleurie, aujourd'hui ombragée de peupliers au lieu de platanes, où les paisibles bourgeois du chef-lieu de la Laconie vont prendre le frais sur l'emplacement historique de ces combats sanglants par lesquels la jeunesse spartiate s'endurcissait aux périls de la guerre.

Lorsque nous nous ouvrons au nomarque de

notre dessein de gagner la mer en traversant le Taygète, il n'est pas éloigné de voir en nous — quelle erreur! — des réincarnations de celles qui devaient être les dignes sœurs de ces rudes athlètes. Singulière idée de choisir cette voie laborieuse et périlleuse pour aller nous embarquer à Kalamata, quand une bonne route carrossable nous conduirait mollement au port de Gytheion. Mais précisément, insistons-nous, c'est le chemin qui nous tente. Vainement à l'hôtel déjà a tenté de nous détourner de cette extravagance un aimable chef d'escadron d'artillerie en tournée de revision, qui parle français comme vous et moi. A la préfecture, c'est de la consternation. Cependant, en présence de notre entêtement, on renonce, et on ne s'occupe plus, avec une inépuisable complaisance, qu'à nous faciliter la satisfaction de notre étrange fantaisie.

Le préfet ne connaît qu'insuffisamment notre langue. Les trente mots que nous possédons de la sienne ne nous mènent pas loin. La préfète parle l'italien, mieux que nous peut-être, mais — est-ce l'accent grec qui en est cause?— l'entente est laborieuse. On envoie chercher un avocat, ancien officier de marine, qui a surveillé au Hâvre la construction d'un cuirassé grec. Le

capitaine de gendarmerie est convoqué, le démarque également, en foustanelle éblouissante
de blancheur, la veste et les cnémides noires
brodées de rouge, avec, flottant derrière les
épaules, le manteau de même couleur doublé
d'écarlate. Ce superbe pallikare à grosses
moustaches grises doit à un notable embonpoint
l'aspect le plus débonnaire, une note curieusement poétique donnée par la rose qu'il tient
gravement à la main. La confiture, le raki, le
café, les cigarettes, et de longs palabres s'engagent. Tout fini par être réglé selon nos désirs.
Un soldat de police est dépêché dans la montagne
pour nous amener guides et mulets. Il arrivera
à minuit, et au petit matin bêtes et gens seront
descendus à Sparte.

Mais un renseignement qu'il nous est impossible d'obtenir, et après lequel nous clamons
depuis Patras, c'est les jours où font escale à
Kalamata les bateaux caboteurs du Péloponèse.
Oh! il y en a souvent, pas besoin de nous in-
quiéter... On se berce même de l'espoir séduisant
d'un paquebot du *Lloyd Austriaco* qui y touche
quelquefois... Pour plus de précision, dans notre
candeur, nous demandons un horaire de la navigation. En existe-t-il un ?... On ne sait pas. On ne

sait rien. Et qu'avons-nous besoin de savoir?... La prétention de combiner notre itinéraire de façon à ne pas perdre de temps en séjours inutiles leur semble fort impertinente. Ils ont peut-être raison. Que sert de s'énerver? Le monde est aux patients, et puisque nous sommes chez eux, vivons comme eux.

Notre provision de philosophie et de belle humeur est mise à forte contribution par l'hospitalité que nous offre Sparte. Nous tenons bon, mais c'est tout juste, et nous nous reprochons amèrement d'avoir été sur le point de gémir hier à Tripolitza. « Après l'*Agésilas*, hélas ! mais après l'*Attila*, holà ! »... O Lycurgue, de l'austérité lacédémonienne tes fils ont au moins conservé la crasse et la vermine, le brouet noir remplacé par le mouton sous toutes ses formes, mais avec un goût unique, celui de laine grasse, encore que la viande soit maigre. Ne nous appesantissons point sur ces horribles détails, dignes d'inspirer une plume zoliste.

Au quart d'heure de Rabelais, cependant, notre résignation se révolte. Une petite note de cent vingt drachmes pour ce dîner !.. cette chambre !!... la tasse de lait de chèvre du matin et quelques provisions de route !!!... On rirait de nous à Sparte de génération en génération. Jugeant superflue toute tentative d'explication dans la langue dégénérée d'Homère, de notre pied léger nous traversons la place et allons soumettre notre cas à M. le nomarque, de qui nous avions à prendre congé.

A la seule vue de ce papier, écrit en ce qui, à notre ignorance, semble des hiéroglyphes, il lève les bras au ciel avec accompagnement d'exclamations indignées. Le sieur Nicolakis est mandé d'urgence dans son cabinet, tandis que nous patientons avec le mastic, le café et les verres d'eau fraîche. On nous rapporte la note réduite d'un tiers et encore, nous dit-on, surfaite du double. Bien que le fâcheux état du change mette le drachme à 57 centimes seulement, nous le croyons sans peine. Depuis, nous avons su que cela avait fait scandale dans le pays et que, tancé vertement, ce publicain sans pudeur avait été menacé, en cas de récidive, d'être déféré à la justice pour extorsion d'argent.

Le cas sans doute ne se représentera pas de sitôt, et c'est précisément cette rareté de touristes qui est la cause de pareille exploitation, générale en Grèce, quoique nous ne l'ayons vue nulle part aussi éhontée qu'ici. Dans ce pays

pauvre et d'une extrême frugalité de mœurs,
les deux à trois cents louis qu'on consacre à un
voyage d'agrément prennent des proportions
fabuleuses. Étranger y est synonyme de million-
naire, non pas dans le sens positif du mot, qui au
temps où nous sommes ne mène pas loin, mais
comme l'entendent les enfants, pour qui il évoque
la fortune des Rothschild. Ce que nous pouvons,
dans ces expéditions, conserver d'habitudes de
raffinement relatif, contribue encore à accroître
notre onéreux prestige. Comment ne pas croire
inépuisables les finances de gens singuliers qui
insistent pour avoir des draps propres dans leur
lit, qui y insufflent des flots d'une mystérieuse
poudre jaune — insuffisamment meurtrière,
hélas ! — qui redemandent dix fois de suite de
l'eau pour leur toilette, qui jettent des regards
soupçonneux sur les verres et les assiettes et
essuient furtivement les couverts avec leur mouchoir, plus sûr que les serviettes de l'établissement ?

Et puis il y a l'ignorance de la valeur absolue
de l'argent, générale en pays orientaux, où, si
les pachas volent, d'autre part nul n'est plus
volé qu'eux. Dans leur cas c'est justice, mais
nous qui n'écorchons personne, nous revendi-

quons le droit de crier quand on nous écorche.
C'est tant pour vous, tant pour moi, au jugé,
selon l'état présumé de nos bourses respectives,
et toujours plus cher pour l'étranger que pour
l'indigène.

En est-il ainsi du seul Orient? Dans nos patriotiques provinces de l'Est, comme elles s'in-
titulent fièrement, tous les fournisseurs ont un
prix pour les gens de la ville et un autre pour
les officiers de la garnison. Ce n'est pourtant
pas seulement au service de l'Autriche que
le militaire n'est pas riche. Et cette idée toute
moderne et démocratique s'en mêlant de « frap-
per la richesse », expression qui éveille une idée
d'amende et de confiscation, on arrive au fait
bizarre dont j'ai été témoin : un général et son
aide de camp, mangeant le même dîner à la
même table d'hôte de province, et celui-là
payant plus cher que celui-ci, pour l'honneur
de ses étoiles.

N'accablons donc pas trop Nicolakis, encore
que vraiment il fût allé un peu loin. Contre lui
et ses émules en naïve rapacité, il faut seulement se défendre de son mieux par le marchan-
dage — ce que les Italiens appellent faire une
combinazione et les Grecs une *sinfonia*. Et sur-

tout, qu'on parle grec si l'on peut, italien, français — mais qu'on demeure obstinément sourd
aux quelques mots d'anglais vague qui traînent
dans le pays, rapportés par des marins et des
marchands. Sinon on serait pris pour des *lordi*
et dépouillés jusqu'à la chemise.

Si je me suis beaucoup trop arrêtée à cet in-
cident futile et tout personnel, c'est que nos
amis de Sparte en ont été affligés bien au delà
de ce qu'il valait. Ils ont craint que nous n'en
conservions une impression fâcheuse. Les Grecs
sont fort jaloux de bon renom. De sottes plaisanteries comme celle qui associe leur nationalité à l'abjection des chevaliers de tripot leur
sont infiniment sensibles. Blâmera-t-on suscep-
tibilité aussi légitime ? Peut-être sont-ils parfois
ombrageux à l'excès. C'est le défaut de la pauvreté fière. Je ne voudrais pas faire de peine à
notre ami Paul Bourget, qui serait désolé, j'en
suis sûre, d'avoir offensé ces aimables gens.
Mais à Sparte, où il avait passé deux années
avant moi, on se plaint avec amertume qu'il ait
mal reconnu les empressements dont il a été
l'objet, en médisant du pays dans l'*Akropolis*
d'Athènes.

A la vérité c'était une interview, et là-bas

comme ici sans doute le reporter est traître. Qu'a-
t-il dit? On n'a pas voulu me le redire, mais la
blessure saigne encore. En vain ai-je tenté de le
défendre, arguant d'un malentendu, et me portant garant de sa sympathie pour la race subtile
et forte qui a trouvé l'impérissable expression
de l'art. On n'a rien voulu entendre, et en dépit
de mes protestations, on s'inquiétait que j'en fisse
autant. Par toute la Grèce j'ai retrouvé ces alar-
mes, plus ou moins clairement manifestées. J'en
ai été touchée extrêmement et fort enorgueillie.
Aussi souhaiterais-je que ma parole eût plus de
retentissement, afin de rendre plus éclatants mes
sentiments à l'égard d'un peuple dont les défauts
mêmes sont aimables. Et que les Spartiates en
particulier se rassurent, si toutefois ils y songent
encore : l'effronterie de l'hôtelier de la Couronne
ne pèse pas un fétu en balance avec l'obligeance
du préfet de Laconie.

XI

LA GRÈCE FÉODALE. — MISTRA

Il est peu d'histoires aussi ignorées que celle
de la Grèce franque; il n'en est guère de plus
intéressantes. Ces chevaliers moins pieux qu'a-
ventureux, partis pour délivrer le tombeau du
Christ, s'arrêtant en route dans l'empire croulant
de Byzance, en trouvant les morceaux bons à
prendre et y fondant une féodalité latine, où chacun se taille son fief lance au poing, disputée
deux siècles durant par les princes grecs, la république de Venise, les rois angevins de Naples, et
finalement balayée comme poussière par l'irrésistible poussée musulmane... Cela sonne curieusement dissonnant, les titres de Boniface de Mont-
ferrat, roi de Thessalonique, Othon de la Roche,
prince de Béotie, sire de Thèbes et grand-
seignior d'Athènes, où ensuite furent ducs des

Flamands et des Florentins, Guillaume de Ville-
hardouin, comte de Champagne et prince de
Morée, et son fils Geoffroy, duc d'Achaïe, Nerio
Acciajuoli, seigneur de Corinthe, Philibert de
Naillac, grand-prieur d'Aquitaine et despote de
Sparte, le dynaste de Négrepont, le margrave de
Boudonitsa, qui aurait pu aussi s'appeler marquis
des Thermopyles.

C'est auprès de Sparte qu'ils ont laissé de leur
passage les traces les plus considérables. Une
heure de voiture par une route dite carrossable,
ce qui est un peu exagéré, à travers des dessous
de bois d'oliviers, d'orangers et de mûriers, dont
l'ombre légère n'empêche point de blondir de
grands blés, de hautes orges, des maïs géants.
Des vergers en fleur, de frais jardins, de l'eau en
abondance — les affluents de l'Eurotas « Vasili-
Potamos, le fleuve-roi », fécondant cette vallée
plantureuse. Tout d'un coup, on butte contre un
escarpement isolé au pied du Taygète, sentinelle gardant l'entrée des gorges ténébreuses
qui entaillent ce colossal rempart de roc.

En bas, un village blanc et rose, tout fleuri d'o-
rangers, se noie dans une verdure claire criblée
de flèches d'or, capricieusement étagé au long
d'un torrent qu'enjambe l'élégante et hardie

arche ogivale d'un pont turc, avec des sources joyeuses bondissant dans des sarcophages antiques de marbre ambré, où se penche un noir figuier tortu. Un fils d'Israël ne saurait, assure-t-on, rouler un Grec. Aussi la colonie hébraïque est-elle à peu près nulle dans le royaume des Hellènes. Il n'en a pas été ainsi sous les dominations étrangères, car ce cours d'eau a nom Hobriopotamos, « la rivière des Juifs ». Au-dessus, escaladant la pente jusqu'au faîte, le squelette d'une ville morte, cité féodale d'allure encore hautaine, comme ces armures vides que, dans le frisson du crépuscule, on croit voir respirer de la vie spectrale de ceux qui les ont habitées.

Mistra, qu'en la reprenant aux Francs les Paléologue avaient nommée Lakédémonia, a eu pour noyau la place forte des Villehardouin. Ces paladins n'étaient pas seulement bons pour besogner à grands coups d'estoc. Après avoir taillé, ils savaient coudre. Les chroniques témoignent de leur activité dans l'organisation de leur conquête. En moins de temps que nous n'en avons mis pour nous décider à reconstruire l'Opéra-Comique, il s'est élevé là toute une petite capitale de principauté, serrée dans le corset de pierre de ses bastions et de ses courtines. Les

Grecs l'agrandirent, puis les Vénitiens, et au xvii° siècle elle comptait 42000 âmes, centre le plus considérable de la Morée — « *Mistra mostra tis Morias* ». Sa décadence commence avec les Osmanlis, cette race aux œuvres stériles, qui n'a de puissance que pour détruire. Deux cents ans d'agonie en ont fait un chaos de pierres, qui au milieu des lentisques épineux et des livides euphorbes, vont s'effritant sous les morsures du soleil.

A mesure que croulent les murailles et que les tours se découronnent, les pierres disjointes sous la poussée de plants luxuriants d'acanthe et de ciguë, les décombres s'amoncellent en travers des rues aux dalles rompues, où pousse une herbe calcinée, parfumée de menthe et de verveine. Sur des façades éventrées se lisent encore des armoiries sculptées dans le marbre. On voit les lys de France courir sur l'abside de l'ancienne basilique latine à triple nef, à peu près entretenue dans sa vénérable vétusté, à cause qu'y est accolé un couvent grec de femmes, presque désert aujourd'hui.

De la large loggia à arcades romanes qui s'étend au-devant, la vue éblouie embrasse, perspective immense et radieuse, la verte vallée de l'Eurotas et la chaîne violette du Parnon, baignées dans les ardentes vibrations de la lumière. Mais il va plus loin et plus haut, ce regard qui ne voit pas d'une religieuse au long et rigide visage de cire enveloppé de voiles de deuil, où brillent d'un éclat froid de diamant noir de grands yeux perdus en un rêve mystique. Et le vol de pigeons bleus qui tourbillonnent autour de sa tête pâle, seuls habitants de ces lieux morts avec ces quelques servantes du Christ, éveillent comme une idée symbolique du Saint-Esprit survivant à toutes les ruines humaines.

Dans de petites chapelles à coupole verte ou orangée, repaire des oiseaux de nuit qui y pénètrent par les fenêtres béantes, et où des fresques archaïques sur fond d'or s'écaillent lugubrement dans l'ombre, la piété populaire entretient une faible lampe brûlant devant les saintes images enfumées de vieillesse. Tout contre une grande fontaine turque octogone, dont la peinture rouge égratignée par places semble du sang desséché, la métropole cinq fois séculaire de Nicéphore, consacrée à saint Dimitri, demeure debout avec ses sept coupoles aplaties, dans la mélancolie glacée de son abandon, entourée du cloître désert de l'ancien palais archiépiscopal de la Sparte

byzantine. Ce diocèse existait encore au temps
des Turcs, et Châteaubriand a eu le plaisir d'y
trouver, dans une assez pauvre bibliothèque, une
traduction d'*Atala* en grec moderne.

Plus loin, c'est une mosquée de briques roses,
dont le blanc minaret fuselé se dresse côte à
côte avec un campanile chrétien ajouré de
pleins cintres à colonnettes. Muettes les cloches, comme la voix du muezzin. Plus haut, sur
une vaste esplanade, témoignage de magnificence de la cité déchue, les ruines altières d'un
palais dit de la Princesse, en mémoire de quelque figure de femme dont est perdue l'histoire,
et dont les restes peut-être pourrissent sous
nos pieds, dans ce sol pavé de sépultures souvent profanées par la cupidité et le fanatisme.
Le gonfalon du comte de Champagne a flotté
au sommet effondré de ces tours, dont on ne
retrouve que les soubassements ; entre ces murailles fracassées ont tenu leur cour fastueuse
les despotes impériaux et les provéditeurs de
Venise. Tout au sommet enfin, couronnant la
crête aiguë, le kastro formidable dont les créneaux ébréchés semblent se silhouetter sur le
dôme de neige qui le domine à une hauteur de sept
mille pieds. Au milieu de cet ample et lumineux

paysage aux colorations éclatantes et pourtant subtiles, j'ai ressenti une des grandes impressions que m'a données la Grèce. Que les hellénisants me pardonnent si ce n'est pas à l'antique que je le dois.

XII

A TRAVERS LES GORGES DU TAYGÈTE

Oh ! l'exquis déjeuner en plein air au khani de Mistra... Ce n'est pas de la chère que je parle, notre invariable menu de route : agneau froid, œufs durs, fromage de chèvre, oranges, vin blanc fleurant la résine, agrémenté d'une salade d'herbes à lapin, mais non pas accommodée à l'huile à quinquet, car ici, ce sont les quinquets qui brûlent à l'huile d'olives. Si médiocre est le régal, sans pareil le décor. On s'oublierait dans la fraîcheur ensoleillée de ce verger de citronniers et de figuiers, où les ceps se tordent autour des troncs, entrelacés d'échevèlements de clématite et de jasmin, des chèvres en folie cabriolant autour de nous dans des graminées en fleur, auprès du puits ombragé de myrtes, où les femmes souriantes et graves sous le voile blanc qui les enveloppe du front aux épaules, viennent remplir les jarres de terre qu'elles se posent sur la tête du beau geste classique des canéphores, s'éloignant du pas souple, onduleux, cadencé de la paysanne d'Orient.

Mais l'heure est venue d'enfourcher nos bêtes, sous l'œil curieux de la population. Dans ce pays où les hommes montent en bât les mulets, souvent même les chevaux, on s'effare de voir des femmes à califourchon, si toutefois nos costumes ne les plongent point dans l'incertitude. La Grèce affranchie n'a pas perdu le souvenir de la culotte turque ; mais son heureuse ignorance de la bicyclette, du moins en ces provinces, ne l'a point habituée à la voir portée par notre sexe. On nous excusera d'avoir été des pierres de scandale, si l'on considère que les selles anglaises sont inconnues ici, et au supplice que ce serait de chevaucher des journées entières assise littéralement comme un colis, les pieds posés sur une corde, ne voyant jamais qu'un côté de la route, en un équilibre des plus instables et sans moyen d'action sur sa monture.

Et nous voilà parties en cet équipage. En tête, la mule de bât chargée de nos valises, personne posée et réfléchie, qui sait sa route et n'en déviera pas d'un pouce ; nous à la queue leu-leu ; nos agoyathes marchant chacun à côté de sa bête ; à l'arrière-garde enfin les deux soldats de police que le préfet nous a donnés pour escorte, en tunique bleue passe-poilée de rouge, le pantalon collant rentré dans les bottes, le képi planté à la diable, le fusil en bandoulière et le revolver au ceinturon, ostensiblement chargés au moment du départ. Il est bien entendu que la Grèce est parfaitement sûre. Cependant, dès que nous y avons fait quelque excursion hors des routes battues, on nous a mises sous la protection de la force armée. C'est uniquement, nous assure-t-on, pour nous faire honneur, de quoi nous sommes infiniment touchées et reconnaissantes.

Une griserie d'air, de soleil et d'enthousiasme, cette montée le long des premières pentes déjà raides, sans autre chemin qu'une vague foulée de troupeaux, des ruisseaux torrentueux passés à gué, l'eau jaillissant en pluie d'argent sous le sabot des mules. Une chaude et douce lumière mauve enveloppe les rochers chaotiques, couleur d'ocre, entre lesquels de petits coins de terre sont fleuris d'iris et d'anémones, de cyclamens et d'asphodèles. De grands lauriers-roses se penchent sur nos têtes, des cyprès isolés profilent sur le ciel bleu leur noire et grêle silhouette d'obélisque. Des senteurs capiteuses de lavande, de sauge, de romarin montant de la terre embrasée sous le soleil de feu d'un midi éclatant. Pas d'autre bruit que le cri strident des cigales ou la fuite d'un renard dans les fourrés épineux. Aucune habitation humaine, hors quelque primitif campement de berger ou de chaudronnier vlaque, ces bohémiens de la Grèce : une toile tendue sur deux perches, une marmite sur un feu de broussailles, et pour gardien un chien farouche au museau de loup, au pelage fauve de hyène. On se sent loin de tout et, on ne sait pourquoi, dans le rêve où, la première effervescence passée, jette le balancement cadencé des mules, on songe à la Terre Sainte.

Et justement, voici une vision de fuite en Egypte. Juchée sur l'âne, entre les sacs de laine bariolée, la femme à demi voilée de blanc, la dalmatique sans manches, bleue, brodée de rouge et de jaune, 'par-dessus la chemise blanche, que serre une ceinture de cuir à large boucle d'argent, scapulaires et amulettes, chapelets d'ambre et colliers de corail pendant sur l'ample sein où s'allaite l'enfant à moitié nu, la peau brune, frisé comme un petit saint Jean. A côté, l'homme, fièrement drapé de laine rousse, un mouchoir noir noué autour du crâne rasé, à la main le long bâton du pâtre et du pèlerin.

Puis plus rien et plus personne. Le soleil même disparu, et devant nous une longue déchirure profonde et ténébreuse, qu'on croirait l'entrée des enfers. Au fond, très bas, semblant venir des entrailles de la terre, le mugissement d'un torrent. La montagne est comme fendue par une convulsion furieuse de la nature. Une étroite corniche, en surplomb de l'abîme, est la seule voie possible pour y descendre. C'est là que d'un pied ferme s'engagent nos bêtes, avec cette irritante obstination si connue que mettent les mulets à marcher au plus près de l'arête périlleuse. On dit qu'il ne faut jamais les contrarier; nous nous contentons de les envoyer mentalement au diable avec leur sotte bravade. Au bout d'un moment cependant nos agoyathes nous font mettre pied à terre. Tant mieux : ils nous sauvent l'humiliation d'en prendre l'initiative, dont nous grillions d'envie. Nous n'avons pas oublié que c'est de quelqu'un de ces rochers perpendiculaires que les Spartiates précipitaient leurs enfants contrefaits. Nous qui, au contraire, avons bon pied bon œil, nous nous sentons plus en sécurité sur nos jambes. Et jusqu'au fond de la « langada » nous dévalons par un rude escalier naturel de marbre poli, fort glissant.

C'est très farouche et très terrifiant, ces deux colossales murailles de granit noir, avec, pour voûte, un morceau de ciel bleu, solitude lugubre et solennelle où sonne fantastiquement l'écho de nos pas, de nos voix, du fer d'un mulet qui bronche, d'un caillou qui roule en ricochant dans le gouffre. Bien entendu, après avoir descendu, il faut remonter. Le lit du Trypiotiko, hors quelques tourbillons que nous contournons, où l'eau ne dépasse guère le boulet de nos montures, nous offre une véritable route royale, coupée de quelques passages scabreux que les agoyathes s'en remettent à nous-mêmes du soin de franchir, s'accrochant à la queue des bêtes pour les empêcher de manquer du pied. Nous apprécions cette prudence, surtout au regard de celle qui porte tout notre bien terrestre, à peine plus encombrant que celui du sage, et que, nonobstant, il nous serait pénible de voir s'éparpiller dans quelque précipice.

N'est-ce pas Taine qui a dit qu'en certains

lieux rares, la satisfaction du voyageur est surtout faite de la pensée qu'il s'y trouve ? Il est positif que nous ressentons une dédaigneuse pitié
pour ceux qui ne sont point ici, roulant peut-
être banalement sur quelque chemin de fer. Les
difficultés de la route et les vagues périls que
nous pouvons courir aiguisent ce sentiment du
puéril orgueil de se sentir du souffle et du jarret,
d'ignorer le vertige et de mépriser la peur. C'est
presque avec regret que, sortis de la gorge pour
monter longuement à travers des taillis de chênes verts, des fourrés de genévriers, des bouquets
de térébinthes, puis des plateaux herbus fleuris
de petits iris blancs et de touffes d'agnuscastus,
aux quenouilles d'un lilas cotonneux, où bientôt
apparaissent quelques pièces d'orge maigre et
de seigle tardif, nous arrivons à l'étape de Trypi.

Délicieuse fin de journée, dans ce blanc village
capricieusement semé parmi les cyprès, au flanc
d'un ressaut du Taygète qui domine un vaste
cirque désert et nu, coupé de ravins profonds,
sans issue visible à la gigantesque enceinte de
rocs dont les âpres sommets sont déchirés
comme par la foudre. Fidèles à leur consigne,
nos *chlorophylakès* — prononcez gendarmes —
prétendent nous infliger l'honorable supplice

du consul Duillius. Non sans peine, nous les
en dissuadons, mais pour n'y rien gagner, car
nous tombons en proie à l'importune curiosité
de la population, qui s'attache à nos pas.
Nous sommes pour eux les bêtes rares d'une
ménagerie. Faute d'y pouvoir remédier, nous
tâchons de nous abstraire de leur présence. On
se lasse de tout d'ailleurs, et ils finissent par rentrer chez eux. Les objurgations de notre escorte
y sont sans doute pour quelque chose, car nous
découvrons que, ne s'en croyant pas quittes, ces
braves gens nous guettent de loin, très discrètement, en fumant les cigarettes que nous leur
avons données. Une fois dans notre vie, nous au-
rons éprouvé la sensation princière d'une protection occulte de nos précieuses personnes.

Appréciant l'honneur de posséder dans leur
sein des étrangères d'aussi haute distinction, les
gens de Trypi ne se tiennent pas pour battus. Nos
déambulations, à présent solitaires, nous ayant
amenées auprès d'une source vive qui jaillit,
abondante et impétueuse, d'un gros rocher en
surplomb habillé de verdure et s'épanche dans
un bassin primitif, fontaine et parlotte du village,
nous y trouvons un groupe embusqué au détour
du sentier. Ce sont des bergers qui nous donnent

une sérénade de flûtet et de tambourin. Mélopée plutôt que mélodie, grave, douce, enfantine un peu, incertaine et comme fluide, dans cette monotonie berceuse de l'Orient, qui est le caractère de la musique pastorale de tous pays. Et le contraste en est amusant avec ces types de brigands d'opéra-comique, basanés comme des Maures et du poil jusqu'aux yeux, campés en leurs blancs vêtements, la peau de chèvre en travers des épaules, dans ces attitudes de modèle spontanées chez les peuples des pays du soleil.

Du meilleur de nos sourires nous les remercions, et c'est tout, car si, ici comme partout, le backschich sévit dans les auberges, le paysan est fier, et dans les plus pauvres villages jamais nous n'avons vu une main tendue, si ce n'est pour serrer la nôtre. Il serait fort sot de se dérober à cette familiarité naïve, qui, lorsque nos hommes d'escorte se sépareront de nous, leur fera prendre l'initiative d'un affectueux shake-hand, tandis que nous vaincrons difficilement leur noble résistance à accepter quelques modestes chiffons de papier. Les Grecs cependant sont nés marchands. Mais les affaires sont les affaires, et sur ce terrain-là ils ne se paient pas de monnaie de singe.

Un peu plus loin, devant le poste de police, nous retrouvons nos gendarmes qui fraternisent avec leurs camarades. Ceux-ci ont revêtu leur tunique des dimanches, et le brigadier nous arrête au passage pour nous adresser d'abondantes paroles évidemment fort aimables, dont nous comprenons seulement qu'ils nous sollicitent de boire notre santé avec eux. Nous nous exécutons, et avec un courage, oh ! combien méritoire, nous vidons à demi un verre, d'ailleurs très propre, de vin effroyablement résiné, le vin populaire — ce que, s'il n'était blanc, nous appellerions du petit bleu.

Il paraît que c'est très hygiénique, pour les maladies de poitrine sans doute, extrêmement rafraîchissant, et qu'on s'y fait à la longue. Le roi Georges affirme même qu'on finit par en trouver la saveur agréable. Je le soupçonne d'en vouloir faire sa cour à ses sujets. Il est vrai que depuis trente ans Sa Majesté règne sur les Hellènes. A des novices, il semble qu'ils absorbent les raclures de goudron de tous les navires des mers du Levant. C'est par tradition antique, assure-t-on, que le vigneron grec met infuser des pommes de pin dans les cuvées ; on en donne pour preuve que ce fruit était consacré à Bacchus.

Enfin l'on nous accorde le bénéfice de l'incognito. Nous nous attardons au dehors. Tout s'apaise dans cette nature déjà si paisible. Des fumées bleues montent dans l'air limpide, où s'égrènent les sonorités grêles de la cloche tintant l'angelus. Une mélancolie pénètre les choses, tandis que du ciel pâlissant descendent les froides ombres violettes du soir. Heure douce et pourtant inquiète, heure amoureuse, heure troublante, qui amollit le corps et attendrit le cœur. On l'aime et on voudrait la retenir de si vite s'abîmer dans les ténèbres. Si elle se prolongeait pourtant, la volupté qu'elle apporte s'exacerberait jusqu'à la souffrance. L'art de jouir ne serait-il pas de ne point aller jusqu'au bout des sensations ni des désirs ?

Cependant nous ramènent au khani les matérialités de l'existence. Tout arcadien, ce repas aussi frugal de chère que rustique de service, pris sous la véranda, dans la fraîcheur du soir, à la lumière incertaine des derniers reflets du jour. On demeurerait là, engourdi, à regarder dans la nuit, très étoilée et très noire, que piquent les feux du village, aux faibles scintillements de phosphorescence. Mais la fatigue l'emporte, on rentre, et ce sont alors les bons fous rires du coucher en ce lieu singulier.

Un khani, diminutif du khan turc et persan, que nous appelons improprement caravansérail, se compose d'une salle basse meublée de bancs de bois et de tonneaux de vin, qui est le cabaret, avec l'écurie derrière. Au-dessus, y accédant par un escalier extérieur, genre échelle de moulin, la cuisine, où couche la famille, et la chambre des étrangers. Un coffre recouvert d'un tapis bariolé règne sur trois des côtés ; le quatrième ouvre sur une galerie de bois, par une porte faisant aussi office de fenêtre. Une ou deux chaises de paille et une table grossière sont un luxe qu'offre celui de Trypi, grand centre montagnard. Pour la nuit on vous dispose sur le plancher une jonchée de ces gros tapis de laine molle à rayures multicolores, comme ceux qui habillent nos selles, à la fois matelas et couvertures, et fort propres vraiment. On vous laisse une petite lampe de cuivre à mèche fumeuse et on vous souhaite « *Kalinycta* ».

Si vous vous trouvez être de sexes différents, vous procédez à votre toilette de nuit avec des ingéniosités de décence qui ne sont pas le moindre amusement du voyage. Vous entendez clore et verrouiller avec soin toutes les portes. Le village déjà est endormi, et c'est le silence profond, absolu, terrifiant dans sa solennité, ce silence qui presque autant que le bruit fait fuir le sommeil. Un aboi de chiens, au loin dans la montagne, le rompt lugubrement. Puis c'est le concert des grenouilles qui éclate, symphonie en glauque mineur, le *brékékex*, *brékékex*, *coax*, *coax* d'Aristophane. Plus prosaïque, mais rassurante dans cette ténébreuse solitude si lointaine, si perdue, la respiration sonore, perçue à travers la cloison, de nos soldats qui dorment sur des nattes en travers de notre porte.

Et longtemps nous demeurons les yeux ouverts, dans la clarté pâle de la veilleuse qui brûle devant l'icône de la *Panaghia*, faisant briller le canon d'un fusil accroché à la muraille. La dureté de notre couche, où il est particulièrement pénible de se retourner, n'est pas étrangère à notre insomnie, non plus que les furieuses bouffées ammoniacales, filtrant à travers le plancher à claire-voie, des fromages de brebis qui fermentent au-dessous. Puis c'est la pluie qui s'en mêle, clapotant au-dessus de nos têtes, et finissant par suinter à travers les tuiles disjointes et le plafond en claies de roseaux. Enfin, à force de fatigue, la torpeur vient, et l'anéantissement bienfaisant et béni.

De très bonne heure, nos agoyathes nous pressent de nous mettre en route. Il a beaucoup plu, le ciel bas roule de sinistres nuées noires, et si nous attendions que les torrents aient encore grossi, nous risquerions de ne pouvoir plus avancer ni reculer. Cette perspective nous donne des ailes.

Rude journée de douze heures, encastrées en de dures selles de bois, sur nos montures aux réactions douloureuses, et pour étriers des étrivières en corde, qui scient le pied et la jambe jusqu'au genou. Par bonheur, nous devons souvent mettre pied à terre, les passages difficiles se multipliant à mesure que nous nous élevons. Car, de col en col, nous montons toujours, en spirale, avec alternatives de descentes, et de moins en moins trace de sentier. La terre est détrempée, le roc glissant ; ce sont des successions de dégringolades sur des éboulis de pierrailles tranchantes et de pataugis dans des fanges rouges et gluantes comme du sang caillé, tantôt contournant les abîmes par des corniches, tantôt nous y enfonçant par de rudes assises de marbre qu'ont polies les eaux, et regrimpant le long d'une faille où les racines de quelques buissons rêches retiennent tant bien que mal les terres en pente raide.

La montagne devient de plus en plus farouche. C'est à peine si, de ces gorges resserrées
et profondes, on aperçoit entre des cimes ébré-
chées, déchiquetées en échevèlement de pierre,
un pan de ciel couleur de cendre, où se tordent
les nues, comme de grands fantômes noirs.
D'énormes blocs en saillie semblent prêts à
s'écrouler sur nos têtes. Les flancs, habillés de
lierres énormes, des parois presque perpendiculaires, sont fouillés de larges cavernes aux
détours mystérieux, refuges du klephte romantique qui souhaitait pour tout bien

> ... l'air du ciel, l'eau des puits,
> Un beau fusil bronzé par la fumée, et puis
> La liberté sur la montagne.

Ou bien ce sont des déchirures verticales sa-
brant le roc jusque dans ses entrailles, et aboutissant à des gouffres insondés. L'une d'elles a son
histoire : c'est le Cœadas, où Lacédémone pré-
cipitait ses prisonniers de guerre, et d'où l'on
se rappelle que s'échappa miraculeusement l'héroïque Aristomène, en s'attachant à la queue
d'un renard qui y venait par une issue latérale
se repaître de cadavres. Si vous en doutez, on
vous hissera jusqu'à une fissure d'où, en allu-

mant une torche de paille, vous distinguerez à une profondeur considérable un lugubre lit d'ossements à demi réduits en poussière, avec d'autres de ces débris hideux accrochés aux aspérités des parois de cette sorte de puits. Quoiqu'au pays des sophistes, nous n'ergotons point sur une identification aussi plausible. Quand nous prétendrions y voir de vulgaires carcasses de moutons, au lieu de squelettes humains blanchis par vingt-cinq siècles, nous serions bien avancés vraiment. Pourquoi se défendre contre ce frisson de la réalité qui vivifie la légende, comme le reflet de la légende colore la réalité ?

Singulier pays où les forêts sont dans le lit des rivières. Non point sur les bords, immédiatement relevés en pente abrupte, du large et copieux torrent que nous remontons, mais au milieu même des blocs de marbre noir et blanc qui rompent son cours impétueux, des platanes géants dressent en futaie leurs troncs évidés par l'âge et par l'action des eaux, d'énormes roches précipitées des cimes voluptueusement enlacées entre leurs racines noueuses et robustes. C'est sous leur ombre, aujourd'hui bien superflue, que lentement, laborieusement, prudemment cheminent nos mules, ne mettant jamais le pied

dans un trou, et allant de pierre en pierre avec
des précautions de chatte qui craint de se mouiller. Quand le courant devient trop rapide, nous
passons sur ce qu'on n'ose appeler la rive,
bientôt barrée par un obstacle qui nous force à
passer de la gauche sur la droite, pour ensuite
retraverser de la droite à la gauche, puis de
nouveau clapoter au fil de l'eau. Et nous montons toujours, avec intermèdes d'averses nous
imbibant jusqu'aux moelles, plus drues et aiguës
que les piques de la phalange macédonienne.

Des rencontres parfois. Petites caravanes de
mulets, lourdement chargés d'outres d'huile et
de vin, de bottes d'orge fraîchement coupée en
vert, de charbon de bois dans des couffins de
sparterie. Un officier assis en cacolet sur sa
bête, sa valise faisant contrepoids, son sabre
en travers du bât. Un monsieur d'aspect tout à
fait civilisé, qui voyage comme nous avec deux
gendarmes d'escorte : on nous fait comprendre
que c'est un employé du fisc transportant la
caisse. On se salue en se croisant, ce qui ne va
pas sans quelque difficulté. Puis des bergers
dont les chèvres sont dispersées par la montagne, s'accrochant, Dieu sait comme, à toutes
les saillies où elles trouvent quelques broussailles

à manger, tandis que les moutons, plus rares, se tiennent sur les petits plateaux herbus.

Quelques misérables khanis, où nous faisons des haltes pour déjeuner, puis pour laisser souffler bêtes et gens. Véritables cabanes en pierres sèches et en poutres mal équarries, où toute la famille est tassée dans la chambre unique, crasseuse et enfumée, surmontée d'un appentis de bois destiné aux hôtes. Des coffres pour s'asseoir, des tapis pour se coucher, des fusils suspendus au mur, et, dans un angle, l'image sainte, en cuivre noirci par la fumée, avec la veilleuse où une longue mèche de coton brûle dans l'huile d'olives, du plus beau vert.

Tandis qu'une vieille sorcière nous prépare le café, avec le soin méticuleux apporté en Orient à cette opération, et que nous séchons nos guêtres au feu de souches que fait flamber une brassée de brindilles de pin et de genévrier à la forte senteur aromatique, accroupie auprès du foyer, une femme achève de pétrir le pain. Toute jeune, jolie encore, son teint mat, qui jaunit déjà, incendié d'immenses yeux noirs au regard vague et morne, elle est grosse à pleine ceinture, et trois ou quatre marmots en guenilles font cercle autour de nous. Lorsqu'elle a fini, elle trace du

revers du pouce une croix sur la pâte, et la recouvre d'une couverture prise au grossier berceau de bois, tout pareil à son pétrin, où vagit
son dernier-né. De quoi peuvent vivre ces pauvres gens ?

Leur logis cependant est un palais auprès des
huttes en branchages des charbonniers qui brûlent le bois de la forêt de sapins et de chênes où
nous pénétrons, au milieu d'une brume fine
et pénétrante qui me rappelle celles d'Ecosse.
Il fait froid et triste. D'un plateau tapissé de
bruyères et de rhododendrons nains, point culminant de notre ascension, nous devinons à nos
pieds, de tous côtés, de profonds espaces, noyés
dans les nuages et le brouillard. C'est ici le col
de partage entre la vallée de Laconie et celle de
Messénie, que nous devrions voir toutes les
deux. Avoir passé deux mois dans le pays le plus
sec de l'Europe, n'y avoir vu qu'une journée de
pluie et tomber sur celle-là pour traverser le
Taygète, c'est la chance des voyages.

Nous cherchons des consolations dans la
pensée qu'à présent nous descendons, ce qui ne
veut pas dire que nous n'ayons encore en perspective de longues grimpettes. Ainsi, dans la
vallée du Nédon, brusquement élargie, pour tra-

verser cet extraordinaire village de Lada, qui,
au milieu de prairies plantées de noyers et de
peupliers blancs, dévale vers la rivière sur une
déclivité fort raide et ensuite, du côté opposé,
escalade une pente non moins abrupte — entas-
sement de maisons littéralement juchées les
unes par-dessus les autres, avec, comme rues,
d'étroites rigoles que la pluie a transformées en
torrents de boue, où il nous faut barboter à la
queue de nos mules, plutôt que de risquer y choir
tête la première si nous restions en selle.

Il pleut, il pleut toujours, inexorablement à
présent, sans éclaircie et sans espoir. Nos caout-
choucs alourdis d'eau battent les flancs des
bêtes fourbues, qui buttent sur les pierres plus
rares des chemins mieux frayés. Les agoyathes
aussi sont las et traînent lourdement leurs pieds
nus dans leurs babouches éculées, naguère jaunes ou rouges. Ils ont mis le capuchon de leur
casaque de poil de chèvre gris ou brun, qui apla-
tit la foustanelle, de propreté douteuse au départ,
maintenant lamentablement fripée et crottée,
leur caleçon de coton bleu ou blanc fangeux jusqu'au genou. Nous n'avons guère meilleure
mine et commençons à sentir les atteintes d'une
démoralisation qui humilie notre vaillance. Ce

mot jeté par un des hommes nous arrache en sursaut à notre mélancolique accablement : « Kalamata ! » Et du bout de son bâton il nous montre le port. Terre ! terre ! enfin — sauf que c'est la mer, dont le miroir de plomb éclaircit l'horizon gris. Joie fugitive, car nous constatons que, pour parvenir au but, il y a encore plusieurs contreforts à franchir et deux ou trois cols à passer. Deux heures et demie de marche, nous disent les agoyathes.

Elles sont dures. Les yeux fixés sur un vague ruban de route à l'extrémité duquel lentement grossit cet amas de maisons, notre terre promise, tantôt chevauchant, tantôt cheminant, quand devient intolérable l'ankylose, nous allons. Au sortir d'une interminable lande bossuée et pelée, nous entrons dans un chemin creux, profondément enfoncé entre des talus de terre rouge hérissés de cactus. Puis ce sont des vergers de citronniers, et tout d'un coup une rue étroite et sombre. La prison, où derrière des grilles on aperçoit un enfer de vermine et de crasse, de puanteurs et de loques, les passants causant familièrement avec les détenus par les fenêtres. La nuit tombe, fort heureusement, car, faits comme nous sommes, nous risquerions d'y être écroués d'office. Nous avons demandé qu'on nous conduisît au meilleur hôtel. Le voici : *Mega Xenodocheion Gallias*. Qu'on ne s'y méprenne point : la mégalomanie, toujours. « Grand » et « de France » sont des élégances de langage. Auberge simplement honnête, où l'on n'entend pas un mot de français.

XIII

LA PLAINE DE MESSÉNIE ET LA CHAÎNE DU MAGNE

Elle avait de quoi tenter les convoitises de Sparte, cette bienheureuse plaine de Messénie. Aussi, bien que cousins germains, issus d'une même immigration dorienne, quatre siècles durant ces voisins soutinrent la lutte épique que chanta Tyrtée. L'Ithome de la reine Messène rasée jusque dans ses fondements, ce fut trois cents ans plus tard Epaminondas qui créa une nouvelle cité portant le nom de cette princesse fabuleuse, et dont les ruines sont dispersées sur le site dit Vourkano, au milieu de bois d'oliviers et de chênes verts. Cadavre décomposé, auquel peut seule prêter une apparence de vie l'imagination laborieuse d'archéologues invétérés. Et c'est en Sicile, où, vaincus mais non domptés, émigrèrent les sujets du glorieux Aristomène, que le nom en survit dans celui de la ville de Messine.

Ce grand passé émeut, mais le présent séduit. Et, nous oubliant sur les rives du beau golfe de Koroni, nous négligeons de visiter l'antique Messène, qui a le tort d'être à sept ou huit heures de marche dans les terres. Exquises promenades sous un soleil de mai qui sent son messidor, à travers cette campagne plantureuse et fleurie, immense jardin ondulant dans le cadre olympien que lui font la mer arrondie en faucille, voluptueuse et molle, du lapis en fusion frémissant sous la caresse de la grande lumière d'or, et la montagne sourcilleuse et hautaine, dont les lignes sévères s'estompent en une sorte de halo mauve, plus évanescent encore et transparent qu'une vapeur.

Il n'est peut-être pas un des admirables paysages d'Asie Mineure qui soit supérieur à celui-ci en fraîcheur, en lumière et en fécondité.

Ce massif décharné, lambeau du Taygète, s'avançant comme un coin dans la mer, et au pied duquel vient buter la route qui contourne la baie jusqu'au village rouge et blanc de Halmyros, tassé dans les sables, c'est le Magne. Réduit inexpugnable où jamais n'a flotté l'étendard de

l'Islam, petite oligarchie dont les « capitaines »
exerçaient une autorité héréditaire. La centra-
lisation administrative n'a pas entièrement aboli
la coutume féodale des Maïnotes, non plus que
l'adoucissement des temps n'a émasculé leur
esprit farouche. Le vol y est inconnu et l'homicide journalier. La vendetta y fleurit, sanglante
et implacable. La poudre parle pour un mauvais
propos ou un regard indiscret, et la cueillette
des olives s'y fait à coups de couteau, à cause
des contestations éternelles sur la propriété
d'un arbre limitrophe. D'ailleurs simples, laborieux, loyaux et braves, de mœurs rigoureusement pures, et plus superstitieux encore que le
reste du peuple grec dans la pratique de leur re-
ligion, qui a conservé intactes certaines croyan-
ces païennes des Doriens leurs ancêtres, dont
ils se targuent d'avoir maintenu la race sans
mélange.

Cependant tout dégénère. Ce qu'on pourrait
appeler l'aristocratie maïnote — car remarque-
t-on combien sont aristocratiques en réalité ces
démocraties primitives ? — est descendue de
ses âpres défilés dans la plaine riante. Elle s'y
humanise et s'y embourgeoise. Combien pacifique, en dépit de sa rude physionomie de forban,

justifiant bien son nom de « Michel le Noir »,
ce pallikare en redingote et en tuyau de poêle
— voilez-vous la face, ombres des héros ! — qui
est maire de Kalamata ! Le croirait-on neveu
des assassins de Capo d'Istria et petit-neveu du
grand Petros-Bey, le roi sans couronne du Magne,
un de ces Mavromichalis enfin, qui payaient le
tribut à la pointe du sabre aux émissaires du
pacha de Morée, s'arrêtant, sans l'oser franchir,
sur la limite de cette terre inviolée ?

Il nous mène goûter dans son clos, à trois
quarts de lieue de la ville, par des chemins
creux bordés de cactus dont les énormes raquettes épineuses débordent dans le landau,
véhicule trop civilisé pour ces voies rustiques.
Jardin de rapport, qui entre autres pro-
duits, donne annuellement une moyenne de
quatre-vingt mille oranges dignes de la terre
promise. Mais aussi jardin d'agrément par la
nature même de sa végétation : carrés de fèves
et d'artichauts entourés de haies de lauriers
et de myrtes, pièces d'orge et de maïs traversées
d'allées herbues, au long desquelles s'alignent
orangers, citronniers, mandariniers énormes,
blancs de fleurs déjà et encore jaunes de fruits ;
morceaux de pré étoilés d'anémones, sous

l'ombre tamisée des oliviers et des amandiers, des pêchers, des abricotiers, des pruniers, de ces néfliers que nous appelons du Japon ; avenues de mûriers où la vigne s'enlace ; buissons de roses et berceaux de jasmin, avec des norias accostées d'un dattier ou d'un bananier. Cela noyé de bleu et saupoudré d'or.

Les économistes, gens d'humeur chagrine, s'affligent de l'indolente fécondité de cette terre généreuse, dont, à ce qu'elle donne spontanément, on devine combien elle serait productive si on prenait la peine de l'en prier. Mais on la cultive comme au temps d'Homère, préférant manger des asperges sauvages à en planter qui détrôneraient celles d'Argenteuil, et ainsi de tout. Le paysan grec n'a qu'un souci : arroser son champ, à quoi il est fort habile, par des irrigations primitives, qui n'en sont pas plus mauvaises. Pour le reste, il s'en remet au soleil baisant la glèbe humide. Aussi n'est-il pas pauvre, mais ne s'enrichit-il point.

Cette province de Messénie doit surtout son aisance au ver à soie. A Kalamata, plusieurs filatures emploient une assez considérable main-d'œuvre féminine. Elles sont pour la plupart fort jolies, ces ouvrières, pieds nus mais la tête couverte, vêtues d'indienne claire, le profil fin, le sourire grave, de beaux yeux vifs et doux, dont les doigts diligents, pauvres doigts blanchis et amollis par un continuel bain d'eau chaude, manipulent dextrement le fil ténu, quasi invisible, qui s'enroule sur les dévidoirs en écheveaux d'or infiniment pâle. Et pour égayer le travail, presque toutes tiennent auprès d'elles un rameau d'oranger ou de romarin, qui se flétrit dans la buée, et dont le parfum combat insuffisamment la nauséabonde atmosphère des cocons.

Chacun ici possède sa petite magnanerie, et il n'est guère de maisons sans un métier à tisser. Les soies de Kalamata ont leur réputation aux pays du Levant, surtout de jolies écharpes rayées, dans le genre de celles de Brousse. On y fait aussi des tissus en pièce, fins, serrés, un peu secs, sorte de toile de soie analogue au tussor des Indes, soit écru ou maïs, soit de tons végétaux très atténués : mauve terne de lavande, gris argenté de dessous de feuille d'olivier, rose rabattu de fleur de tamaris.

C'est de cette industrie domestique que tire sa subsistance un couvent de femmes où l'on nous mène. Fâcheuse est l'obligation de subir l'accolade de bienvenue des bonnes sœurs. Aux métiers nous en découvrons une à peu près jeune et présentable. Mais les dignitaires qui nous reçoivent au parloir, où elles nous offrent de délicieuses confitures, sont hors d'âge et hors sexe, notamment la supérieure, un gendarme déguisé en béguine, son visage terreux abondamment hérissé des poils gris d'une barbe mal faite. Nous leur faisons quelques menus achats. Le coffre aux marchandises et celui qui renferme la caisse de la communauté sont clos par trois serrures, dont les clés se trouvent respectivement aux mains de chacune des Parques qui nous font les honneurs de leur maison. C'est comme le sceau des épistates du mont Athos, divisé en quatre tranches, plus la vis pour les joindre, que détient le prieur général. Primitif, mais ingénieux.

Elles coulent des jours paisibles, ces braves filles, dans leur noire demeure délabrée et de propreté douteuse, qu'égaie un troupeau de gamines dont elles gouvernent l'apprentissage, et d'où l'on a une vue magique, à quoi elles ne sont guère sensibles, sur un coin bleu du golfe et des montagnes, encadré de cyprès. Leur vie est frugale, mais leur règle fort douce. Il arrivait même assez souvent naguère que ces épouses du Christ lui fussent infidèles. Caraïskaris, le polémarque de 1821, dont la statue en marbre blanc orne le Pirée, avait eu pour mère une religieuse. Et le grand Kolocotronis, klephte fils de klephtes, né au pied d'un arbre, dans une gorge des montagnes de Messénie, où étaient traqués les siens, famille héroïque qui depuis le xvi° siècle avait compté plus de cent capitaines de ce nom, — Théodore Kolocotronis a eu d'une défroquée un fils qu'il reconnut, mort récemment colonel et aide de camp du roi. En tant que violer leurs vœux, du moins plaçaient-elles patriotiquement leurs affections.

La statistique nous apprend que Kalamata produit annuellement environ 35.000 kilos de soie grège au prix de cinquante francs. En outre il s'y fait un commerce assez actif de cocons, d'huile, de figues, d'oranges et de ces raisins secs uniformément dits de Corinthe, dont la Grèce exporte pour plus de cinquante-cinq millions de drachmes, presque exclusivement en France, où ils font du vin, et en Angleterre du plum-pudding. Conformément à la loi économique qui de la perte des uns fait le profit des autres, notre phylloxéra avait enrichi les Hellènes, qu'a ruinés

la reconstitution de nos vignobles. Ebloui par
le rendement de la vigne sous cette forme, le
paysan grec avait emprunté, afin de planter indéfiniment, partout où pouvait croître un cep. Quand
la demande a fléchi dans d'énormes proportions,
les prix se sont avilis en conséquence, et, écrasé
par le poids de sa dette, le vigneron s'est vu
acculé à la banqueroute privée, comme l'État
à la banqueroute nationale. Il serait vraiment
temps que, depuis qu'il nous en berce, le socialisme, jusqu'à présent plutôt vague sur ce point,
découvrît la formule équilibrante du bonheur
universel.

Elle est cependant relativement prospère,
cette brave petite ville de Kalamata, qui répond
également au nom de Kalamæ, et dont en dix ans
s'est accrue d'un tiers la population, qui dépasse dix mille âmes. Les affaires s'y font avec
l'indolence flâneuse caractéristique des pays
du Levant, trafiquants par excellence. Le bazar
tient la moitié de la ville, dédale de ruelles
étroites, sombres et sales, où est plantée n'importe comment une vieille petite église de briques rousses à sept ou huit coupoles en miniature, tassées dans un espace incroyablement restreint. On y passe et repasse, causant

beaucoup et n'achetant guère. Dès le matin, les cafés débordent. Moyennant un sou, qui ici s'appelle une obole, on a un verre d'eau fraîche avec un journal, et on y reste une heure, à fumer et à bavarder, les coudes sur le marbre mal essuyé, fleuri d'un bouquet de roses et d'oranger, soit dehors sous les arcades, où de petits décrotteurs s'emparent de vos pieds *volens nolens* et vous vernissent en noir ou en jaune, soit à l'intérieur, garni de grandes glaces qu'une gaze violette voile contre les mouches, et où l'on cartonne avec frénésie.

Le long du Nédon, pavé de cailloux blancs, que domine la silhouette fière du vieux kastro franc, c'est, dans la grande lumière chaude, le marché campagnard. Par terre, étalés pêle-mêle, des souliers et des oignons, du poisson et des oranges, des écheveaux de chanvre et des fromages caillés. Des bouchers circulent, selon la peu plaisante coutume grecque, leur marchandise saignante accrochée à une espèce de joug de porteurs d'eau. Des ânes chargés, des troupeaux de moutons affolés, des porcs hurlant comme si on les égorgeait déjà. Des têtes rusées et fouinardes de mercantis, des bergers et des chaudronniers vlaques, hérissés de barbe rude, de

beaux types graves de riches paysans en foustanelle éblouissante, la veste beige brodée de
marron, ou grenat de noir. Une femme assise à
l'écart du chemin, immobile, farouche, un pan
de voile noir ramené sur son visage d'un geste
tragique, qui pourrait poser celui d'Agamemnon
sacrifiant Iphigénie. Une heure plus tard on
repasse : elle est toujours là. C'est une aveugle,
mais qui ne mendie point.. Un vieux caloyer
pouilleux, à immense barbe blanche, bonnet
d'astrakan crasseux, robe pisseuse, doublée de
fourrure jaune râpée, repoussante image d'abrutissement et de décrépitude.

Saint Ambroise a dit au moine : « Que la
netteté de ton visage, de tes mains, de tes vêtements soit un signe de la pureté de ton cœur et
de l'innocence de ta vie ». D'autre part, oyez
saint Basile : « Que l'humilité du religieux
paraisse dans son extérieur, qu'il ait la tête mal
peignée, l'habit sale et négligé ». Si les ordres
latins ne se sont pas tous strictement conformés
à l'excellent conseil du bienheureux archevêque
de Milan, les réguliers orthodoxes n'obéissent
que trop à celui du vénérable père de l'Eglise
d'Orient.

XIV

Nous savons enfin le jour de notre embarque-
ment pour le Pirée. L'heure encore demeure
incertaine. C'est « le matin ». Mal guéris de
notre faiblesse pour la précision, à force d'in-
sister, nous obtenons l'assurance qu'il n'y a pas
lieu de presser notre lever, et qu'on nous fera
savoir le moment de descendre à Næa-Kalamata,
le port de la ville, éloignée de la mer par cinq à
six kilomètres de terres d'alluvions. Vers neuf
heures, tout est prêt, mais nous ne savons encore rien. Un saut jusqu'à l'agence de la navigation. Oui, le bateau est arrivé, mais il ne
part que sur les deux ou trois heures. Et la
flâne de recommencer. Déjeuné longuement
à l'hôtel, que ne cesse de stupéfier notre
appétit. On s'est mis en quatre pour nous pro-

curer un poulet, mais tellement étique, qu'il nous .fait l'effet d'un apéritif. De tous les plats portés sur la carte dont nous redemandons, le maître-queux, qui sait une douzaine de mots d'italien de cuisine — c'est bien le cas de le dire — et à ce titre est attaché à notre service, nous répond invariablement, désolé : « *E finito.* » Au mépris des règles élémentaires de la gastronomie, il nous faut finir par une omelette, force pain — dans toute la Grèce il est de premier ordre — des olives noires, du lait caillé, tout ce que nous pouvons gratter dans l'office. La sobriété hellénique doit concevoir une bien fâcheuse idée de la voracité des gens du Nord.

Nous nous échouons au café. On n'y voit que nous depuis deux jours, en ce pays où les femmes n'y vont jamais, dont on est assez aimable pour ne témoigner aucun étonnement. Arrive, essoufflé, le commis de l'agence. Dare dare il faut partir : le télégraphe annonce que le vapeur appareille. La fièvre nous prend. Vite, les valises entassées dans un landau, où il monte avec nous, parlant français à merveille et voulant bien nous embarquer. Nous dévalons à fond de train. Les bagages jetés à la volée dans un canot. Comme nous nous disposons à les y suivre, on nous retient : « La tasse de café des adieux ? — Merci bien, et partir ? — Ah ! nous avons tout le temps ; le chargement n'est pas fini. » Et nous voilà de nouveau affalés devant une petite table, sur la plage brûlante, à l'ombre vague d'une treille aux feuilles naissantes.

Une heure se passe. Enfin, languissamment, on nous conduit à bord. Choix des cabines, recommandations au capitaine. Une bonne heure encore pour attendre les colis retardataires : quelque barils d'huile, quelques outres de vin, un grand chandelier d'église qu'on plante à même sur le pont, deux déserteurs ficelés comme des saucissons. Timidement nous demandons à quelle heure l'arrivée. En principe, demain vers cinq heures du soir. Mais à cause du retard, il en sera peut-être dix. Pourquoi ce retard ? On ne sait. Enfin nous dérapons : adieu, va !

L'*Elpis*, de la Cie panhellénique — l'*Espérance*, un beau nom, qui ne nous console pas d'avoir perdu celle d'un Lloyd. Brave bâtiment solide à la mer et dont le capitaine est plein d'attention pour nous — c'est ce qu'on en peut dire de mieux. Lente et inconfortable traversée de vingt-six heures. Mais c'est beau, le soir, sur la passerelle, dans le bain d'argent de la lune où la mer frissonne, profonde et infinie, sous l'infini profond du ciel. Des terres incertaines flottent dans la nuit, comme de grands fantômes noirs. Escales interminables pour embarquer des bœufs à Aréopolis, vulgo Tsimova, puis des moutons à Marathonisi, officiellement Gytheion, où les Phéniciens pêchaient la pourpre et adoraient Astarté, d'où prit passage pour Troie Pâris enlevant Hélène.

Ce système de retour aux noms antiques rend fort complexe la géographie de la Grèce. Tel, non loin d'ici, Navarin. Vocable d'origine franque, dû, assurent les uns, à une colonie d'Avares, dont les chroniques de Morée ont nommé la ville Avarinos, selon les autres à une occupation par les grandes compagnies navarraises, retranchées dans le Castel Navarrais, corrompu en Kastro Navarino. Puis un seigneur picard, Nicolas de Saint-Omer, y construit une citadelle, dont l'emplacement est désigné Palæo-Avarino, quand Venise lui substitue une nouvelle place forte dite Næo-Avarino. Les indigènes l'appellent Næo-Kastro, et administrativement on a donné à cette petite ville le nom de l'antique Pylos, où a régné Nestor.

Et comme ici l'histoire vient sans cesse se mettre en travers de vos pas, cette remarque futile appelle un grand souvenir. Étrange bataille que celle-là. Ce qui ne devait être qu'une démonstration pacifique des escadres combinées française, anglaise et russe, pour amener Ibrahim-Pacha au respect de l'armistice violé, transformé par un coup de feu parti on ne sait d'où, et blessant un midship, en une sanglante conflagration qui anéantit la flotte ottomane, décide du sort de la Grèce et, en l'affranchissant, ruine à jamais la marine de la Porte, dont les équipages étaient presque exclusivement recrutés dans l'Archipel. Est-ce là un hasard? Nous nommons ainsi les puissances occultes dont la conception nous échappe.

On serait bien tenté de veiller sur le pont, ne fût-ce que pour saluer au passage le cap Matapan, la pointe la plus méridionale de l'Europe, le Ténare des anciens, redouté pour ses tempêtes, antre du dieu que les ignorants nomment Neptune, et les pédants Poseidon, l'une des portes des enfers. Mais la bête proteste. On descend, et on dort comme des sacs, de compagnie avec les punaises qui hantent la cabine. Nous en avons fini des délicatesses encombrantes...

L'aube, toute rouge. Rangées de très près, des côtes arides, escarpées, calcinées, où éclate la blancheur d'un phare, d'un ermitage, d'un vieux fortin badigeonné de chaux. Cythère entrevue : une rocaille pelée, rouillée, revêche, qui serait morne sans la magie de la lumière. Ce n'est point pour éveiller de voluptueuses images. Sait-on que ce séjour d'Aphrodite fut, ô blasphème ! un marquisat de Cérigo, fief des patriciens de Venise, Venier, qui se targuaient de descendre en droiture de la déesse ?

Dans un lointain chimérique, des lignes lointaines estompées en une brume bleuâtre sur l'horizon vermeil : ce sont les montagnes de Crète. La Crète, terre sacrée où naquit Zeus et où régna Minos... cela n'en a pas fait le séjour de la concorde et de la sagesse. La Crète, ce brûlot des mers helléniques, toujours prêt à éclater aux flancs de l'Europe, qui lui souhaiterait presque le sort de sa voisine Santorin, aux trois quarts engloutie dans une convulsion volcanique. En ce turbulent pays où les fusils partent tout seuls, ce serait le seul moyen sûr de noyer les poudres.

La mer, la douce mer Egée, va bleuissant d'un ton toujours plus intense à mesure que s'en-

flamme le ciel, le radieux ciel d'Orient. Le soleil
qui monte tape dur sur le bétail entassé dans
l'entrepont, abruti de peur, et la senteur fauve
de laine échauffée se mêle, nauséabonde, aux
relents d'huile de machine et de celle où, dans
la cuisine, grésillent des fritures chroniques. Si la
mer aussi n'était d'huile, bénie soit-elle! le cœur
le plus marin en chavirerait. Mais on est si
las, il fait si chaud, qu'on s'affaisse en une som-
nolence.

Comme des visions de rêve, sous les paupières
lourdes, par instants relevées et qui aussitôt re-
tombent, nous apercevons des silhouettes bleues
émergeant de l'eau bleue sous le ciel bleu
incendié d'or. Les Cyclades. Oh! ce mystère des
îles aux contours imprécis, naissant des flots
amers... Du bleu, du bleu, du bleu, à aveugler, bleu
vibrant, bleu strident, bleu furieux. Des incau-
descences baignées de vapeurs chaudes, à l'horizon des pâleurs ardentes. Et toujours nous
accable l'invincible torpeur.

Mais on avait calomnié l'*Elpis :* elle arrive
à l'heure dite. « Akropolis! »... Brusquement
jeté à nos oreilles, ce mot nous réveille tout d'un
coup. La mer, plus unie encore et encore plus
bleue, d'un bleu exaspéré — ce bleu, qu'apprenant

à le connaître dans les eaux où nous sommes, nos ancêtres des croisades avaient si bien nommé le bleu d'outre-mer, — s'est resserrée entre un chaos de terres et de montagnes mauves et violettes, se déroulant à l'infini par larges plans enveloppés. Du grand geste noble et nonchalant des Grecs, le commandant nous désigne un point dans l'espace. Moins exercés, nos yeux éblouis doivent attendre. Enfin, hautains et magnifiques dans la pérennité solennelle de leur majesté foudroyée, le Parthénon, les Propylées se dressent entre la croupe tortueuse de l'Hymette couleur de thym et les crêtes indigo en dents de scie du Parnès, l'horizon barré par le triangulaire fronton de marbre du Pentélique. Dans la plaine attique, rousse, plaquée de vert par la vigne qui fleurit et l'orge mûrissante, et où les oliviers pâles mettent de longues bandes vert-de-grisées, Athènes se devine, enfoncée entre la terrasse escarpée de l'Acropole et le cône abrupt du Lycabette. Pas davantage ne voit-on encore le Pirée, masqué par la butte de sable d'Akté, où le tombeau de Thémistocle est voisin de celui de Miaoulis. On nomme les îles et les presqu'îles : Egine, Salamine... Malgré le poids de la fatigue accumulée, qui vous anéantit sous la chaleur tombant d'un ciel de plomb fondu, on ne songe plus à l'arrivée, souhaitée passionnément, et on demeure hypnotisé par ces noms glorieux, par cette grande vision étincelante.

XV

LA VILLE DE THÉSÉE ET LA CAPITALE DU ROI
GEORGES

Nous l'a-t-on assez répété en Grèce :

« Pourquoi n'être pas venues à Athènes pour les Jeux Olympiques ? »

A quoi nous répondions avec une inlassable patience :

« Parce que cela ne nous intéressait pas du tout. C'est votre pays que nous voulions voir, non pas en ses atours de fête, mais dans son intimité et le train de sa vie journalière. »

Il n'est pire erreur que de visiter qui et quoi que ce soit en des occasions anormales. Cette ruée par exemple vers les expositions toujours amplifiées, prétexte plutôt que but, marque bien ce qu'il y a de badauderie au fond de tant de gens d'ailleurs de mérite et même d'esprit. Moutonnerie plutôt, car badauds, les voyageurs le sont tous. Mais c'est une chose de badauder à son heure et à son caprice, et une autre de suivre le monde vers la baraque dont vous appelle le boniment.

Cela sans médire de cette reconstitution de l'athlétisme antique, qui a été assurément une des plus intelligentes attractions depuis longtemps offertes aux multitudes. Je me réjouis même grandement du succès de ces fêtes, dépassant toute attente, et dû à l'énergique impulsion du prince Constantin (1). Mais j'ai eu encore bien plus de plaisir à y applaudir de loin. D'avoir quantes et souventes fois entendu conter la course de Marathon, j'ai fini par me persuader que j'y avais assisté, avec l'avantage qu'au lieu d'être pilée dans la foule, je lézardais délicieusement sous les exquis et solitaires bois d'oliviers de Corfou.

(1) On me prie de constater que l'initiative des Jeux Olympiques a été due à un comité français, présidé par M. Pierre de Coubertin, le zélé champion de l'athlétisme. Voilà qui est fait. Il n'en demeure pas moins acquis à l'honneur du prince héritier d'avoir pris la cause en main et triomphé, sinon de l'opposition, du moins de quelque nonchalance des Grecs quant à l'organisation des fêtes, dont Son Altesse s'est occupée personnellement avec une infatigable activité.

Un autre sujet d'étonnement pour les amis que
nous laissons derrière nous, c'est que nous
perdions tout ce temps à caravaner par monts et
par vaux, où il ne leur semblait pas que rien dût
nous attacher et nous retenir. Qu'on s'attarde
aux vieilles pierres, soit : c'est une de leurs gloires,
et puis enfin c'est une chose. Mais regarder dans
le vide, se contenter du cadre sans demander de
tableau, se baigner dans l'harmonie ambiante,
s'abreuver de lumière, se griser de lignes et de
couleur, voyager abstraitement, pour ainsi dire,
avec quelque indifférence pour les objets con-
crets — ils ne comprenaient pas. Et tout en étant
heureux que nous nous plaisions parmi eux, ils
semblaient s'excuser d'avoir si peu à nous offrir,
et ne cessaient de nous répéter :

« Ah ! quand vous aurez vu Athènes... Une
bien belle ville, Athènes !... »

Nous n'en doutions point. Mais eux, dont
beaucoup connaissent Paris, auraient dû penser
que nous ne venions pas aussi loin aux seules
fins de voir une belle ville. Et si j'avais un
conseil à donner, ce serait, au lieu de pénétrer en Grèce par Athènes, comme on le fait d'ordinaire, et le plus souvent pour s'en tenir là, de
l'aborder ainsi que nous, par l'intérieur du pays.

L'impression a tout à y gagner, cette rentrée dans la civilisation n'étant pas sans douceur.

Mais ils sont si fiers de leur capitale, les Grecs, de quoi ils ont fort sujet. Oui, je sais : brûlante l'été, l'hiver glaciale, balayée par le vent, inondée de poussière, de brusques sautes de température, une sécheresse énervante ; pas d'eau, partant pas d'arbres et pas d'ombre... n'empêche qu'Athènes soit infiniment séduisante, comme ces gens qui ont le secret de se faire aimer en raison même, semble-t-il, de la quantité de leurs défauts.

Au bord de cette rigole fangeuse qui est l'Ilyssos — où sont les violettes, fleur aimée des Athéniens, qui venaient les cueillir sur ses rives ? —l'arc romain, d'art médiocre, commémoratif du séjour d'un empereur dans la Grèce abaissée au rang de province d'Achaïe, porte, on le sait, sur celle de ses faces qui regarde l'Acropole, cette inscription : « C'est ici l'Athènes de Thésée, l'ancienne ville. » De l'autre, tournée vers les colossales colonnes de l'Olympeion mutilé, est écrit : « C'est ici la ville d'Hadrien, et non celle de Thésée. »

De la première, il subsiste un vaste terrain pelé et bossué qui s'étend vers la baie de Phalère, traversé par les boulevards de l'Apôtre

Paul et de Denys l'Aréopagite, en souvenir du premier chrétien athénien et de celui dont le convertit l'éloquence. Pas un pouce de ce sol poudreux qui ne porte une ruine ou un nom auguste. En son centre, l'Acropole sacrée, toute une cité, avec les débris qui l'entourent à sa base : le théâtre de Dionysios et l'Odéon d'Hérode Atticus, l'Asklépeion, le portique d'Eumène, les monuments choragiques de Lysicratès et de Thrasyllos ; puis l'Aréopage, le Pnyx, la colline de Nymphes et celle de Musée, portant le monument de Philopappos, le cimetière du Céramique, le Stade, le Théséion, unique spécimen à peu près intact des temples grecs. Enfin, mêlés aux maisons d'un faubourg qui occupe le site de l'Agora, le portique des Géants et celui d'Attale, la porte d'Athéna Archégetis, le gymnase d'Hadrien, la tour des Vents. C'est le domaine des hellénisants.

De la cité romaine, Hadrianopolis, qui passa de mains en mains jusqu'à ce siècle-ci, transformée, modernisée, avec des fortunes diverses, il ne reste rien. En naissant, le royaume de Grèce s'est donné une capitale toute neuve, pour la bonne raison qu'il n'en avait pas. L'Athènes orientalisée qu'a vue Châteaubriand, et dont la description qu'il en donne éveille l'idée d'une ville d'Asie Mineure, avait encore quelque importance. Vingt ans après son passage, elle n'existait à peu près plus. En l'abandonnant, les Turcs ne laissaient derrière eux qu'un monceau de décombres fumants et sanglants. Ce fait, que je tiens du ministre actuel des affaires étrangères, M. Alexandre Skouzès, montre que je ne parle point par hyperbole. Lorsqu'on y put rentrer, il fallut presque que chacun recherchât l'emplacement de sa demeure, et son père, alors enfant, crut reconnaître la leur au voisinage d'une église restée debout.

Jeune, claire, gaie, toute blanche de son marbre pentélique que n'a pas encore ambré le soleil ; de larges rues régulières et lumineuses — beaucoup trop pour la chaleur qui darde — des boulevards plantés de poivriers au feuillage grêle, de loin en loin un palmier isolé dans quelque cour ; de jardins point, hors ceux du roi, d'aspect tropical, où jour et nuit chantent les rossignols, et dont les orangers soufflent sur la ville leurs effluves capiteux et amers ; les maisons amples, un peu lourdes, en façon de *palazzo* italien, où parfois se tord aux balustres un luxuriant bougainvilla à larges étoiles pourprées ;

les places, spacieuses, de la Liberté, de la Concorde, celle, très vaste, de la Constitution, avec en son centre un square à chétives verdures altérées et recuites, tout un côté en contre-haut occupé par la longue et massive façade du palais royal, coupant de sa ligne uniforme le tronc de cône du mont Lycabette, coiffé à son sommet aigu de la blanche chapelle d'Haghios Georgios.

Les édifices publics sont de style grec, à quoi, sous le ciel qui l'a engendré, il n'y a rien à reprendre, avec même, à l'Université, fort fastueuse, une heureuse reconstitution de l'architecture polychromique. Quelques églises anciennes qui avaient survécu au désastre : la Panaghia Gorgopiko, une miniature byzantine qui se targue de posséder la pierre sur laquelle, à Cana, Notre-Seigneur changea l'eau en vin ; la Kapnikaréa, que fonda l'impératrice Eudoxie, femme de Théodose le Petit, et qu'une municipalité trop éprise d'alignement voulait démonter et déplacer comme un vulgaire chalet suisse, sous l'exécrable prétexte qu'elle gêne la circulation, étant plantée en plein milieu de la rue d'Hermès. Le prix de l'opération l'a, grâce à Dieu, arrêtée sur cette pente funeste de l'embellissement. Les restes enfin d'un village turc accroché aux es-

carpements de l'Acropole, seul vertige du passé
musulman depuis qu'un incendie récent a détruit le bazar. Voilà la ville qu'Edmond About
appelait « un Quimper-Corentin glorieux ».

Quarante années il est vrai se sont écoulées
depuis, et la Grèce du roi Georges est autre
chose que celle du roi Othon. Mais, sans même
parler de générosité, est-ce d'un esprit réfléchi
de cribler de sarcasmes les insuffisances d'une
ville qui alors comptait à peine vingt ans d'âge?
Lorsqu'en 1834 Athènes fut proclamée capitale
du royaume nouveau-né, on y voyait trois cents
maisons. A l'époque où fut écrite *la Grèce contemporaine*, elle possédait déjà vingt mille habitants, plus du double vingt-cinq ans plus tard, et
aujourd'hui le chiffre de sa population atteint
cent dix mille, ayant presque triplé en ce dernier
quart de siècle.

Plus rapide encore est la croissance du Pirée.
Les Turcs avaient laissé un misérable village
au bord de la rade, ensablée, envasée, où naguère Strabon comptait quatre cents nefs, et
où alors le douanier de garde n'avait pas à
se déranger durant des mois entiers pour une
seule felouque. Vers 1850, ce n'était encore
qu'un pauvre petit port de quatre à cinq mille

âmes. Le dernier recensement en a accusé près de quarante mille, ce qui la quadruple en vingt-cinq ans. Peut-être même, dans leur ardeur, en cela comme en d'autres choses, les Grecs sont-ils allés un peu vite : témoin ces beaux cuirassés qui ne quittent guère leur mouillage, à cause de ce qu'il en coûte de charbon pour tenir la mer[1]. « Quand a cours la soif, pourquoi jeter l'eau par la fenêtre? » La tête leur avait tourné, ainsi qu'il est ordinaire à la jeunesse. Ils l'ont payé de la banqueroute, au grand dam des porteurs de fonds helléniques, qui leur eussent préféré moins d'idées de grandeur. Mais s'ils n'ont pas eu le courage de leur pauvreté, c'est qu'en vain assure-t-on qu'elle n'est pas vice, quand des esprits qui se piquent de philosophie semblent ne respecter un peuple qu'en raison de sa richesse.

1. Depuis que ces lignes ont été écrites, la flotte hellénique a eu l'occasion de se montrer, et l'Europe est aujourd'hui familière avec les noms du *Psara*, de l'*Hydra*, du *Spetzai*, de l'*Amiral-Miaoulis* et autres. Excellente marine, m'affirment de nos officiers, et qui assure à la Grèce l'empire des mers Egée et Ionienne contre la flotte ottomane. Sans compter l'appoint d'une marine marchande dont les équipages maintiennent la tradition d'habileté et de hardiesse des navigateurs grecs. L'inanité du blocus de la Crète par les escadres européennes l'a bien prouvé.

Si la Grèce, trop neuve, n'a pas développé
encore assez de ressources pour s'enrichir, les
Grecs du moins savent faire fortune hors de chez
eux. Et leur munificence traditionnelle aiguillon-
née par le patriotisme, en jetant dans leur pays
une part de l'argent acquis ailleurs, ils ont fort
contribué à la création de l'Athènes moderne.

Ici, presque tous les établissements publics
sont l'œuvre de libéralités privées. C'est ainsi
qu'au Musée National est attaché le nom de M. Be-
nardakis de Saint-Pétersbourg, à la Bibliothèque celui de M. Vaglianos de Céphalonie. Le
Polytechneion, école des Beaux-Arts et d'art industriel, avec des cours du dimanche pour le
dessin élémentaire, est un immense et magnifique édifice construit aux frais de deux Epirotes,
Nicolas Stournara et Michel Tositsa. La restau-
ration du Stade à l'occasion des Jeux Olympiques est l'œuvre d'un Grec d'Alexandrie, M. G.
Avéroff, qui y a consacré trois millions de
drachmes. Le baron Sina, de Vienne, a fait don
d'une fastueuse Académie des sciences, où la
polychromie s'allie fort heureusement au marbre, et d'un Observatoire qui, sur la colline des
Nymphes, fait au Parthénon un fâcheux voisinage. Le Rhizarion est un séminaire fondé par

M. Rhizaris, le Zappeion un local d'exposition bâti par les frères Zappas. Des donations de M. Varvakis vit le gymnase de garçons qui porte son nom. Ce grand palais qu'on appelle Arsakeion est une école de filles qui englobe l'enseignement primaire, secondaire et normal, et reçoit quinze cents élèves internes ou externes. M. Apostolos Arsakis, de Bucarest, en a été le principal donateur. Mais c'est la fondation d'une société créée en 1836 pour le développement de l'instruction féminine, et à qui un revenu de treize cent mille drachmes permet d'entretenir des succursales à Corfou, dans les provinces, dans les îles, jusqu'en Épire.

Grand bienfait pour un pays où, parmi les femmes surtout, avait si longtemps pesé la profonde ignorance musulmane. Aujourd'hui encore les écoles démotiques, c'est-à-dire communales, sont fréquentées par un nombre de garçons près de quatre fois supérieur à celui des filles. Encore que la Grèce jouisse d'un notable excédent de population mâle, la disproportion est énorme.

Et comme l'instruction n'y est pas obligatoire, ce qui permet aux enfants pauvres de gagner leur pain, Athènes possède de bien intéressantes écoles du soir pour ces braves petits miséreux

qui le jour vendent les « éphémérides » et dé-
crottent les souliers, ou plutôt les vernissent,
la poussière leur donnant plus d'ouvrage que la
boue. Les orphelins ne sont pas oubliés — car
en ce pays encore patriarcal il n'est pas question
d'enfants abandonnés — et l'établissement de
Catherine Hadji Costa, au Pirée celui d'Hadji-
kyriakos leur offrent un généreux asile.

Une remarquable institution, qui devrait servir de modèle à la philanthropie de tous pays, est
l'Ouvroir des femmes indigentes, fondé sous le
patronage de la reine Olga, et uniquement admi-
nistré par un comité de dames, dont la présidente
est Mme Skouzès, la mère de l'aimable ministre
familièrement désigné par son diminutif d'Aleko,
des banquiers Paul et Constantin, et de toute
une descendance constituant une véritable tribu.
Etabli sur un pied de grande simplicité, il fait
tranquillement un bien énorme, assurant du travail à trois cents femmes, pour la plupart filles
ou veuves, sans compter un atelier d'apprentissage. On y tisse la soie et le coton, les lourds tapis
de Smyrne, et ces jolies étoffes grecques pour
tentures, en laine rouge et bleue mêlée de fils
d'or et d'argent. On y confectionne de fort élégante lingerie, et y exécute des broderies sur

batiste, sur gaze, sur mousseline de soie. Elles sont fort adroites, et si les deux drachmes par jour qu'elles peuvent arriver à se faire semblent une somme ridiculement minime, il faut songer que peu d'argent va loin en ce pays de mœurs simples et de vie facile.

Ces ouvrières, dont quelques-unes pourtant ont connu des jours meilleurs, sont vêtues comme il sied à leur état, ce qui ne nuit point, tout au rebours, à l'aisance noble et avenante de leur maintien, avec cette nonchalance gracieuse de la race, qui sait s'allier à l'activité dans le labeur. En cette démocratie saine et sensée, le sentiment de l'égalité ne détruit pas celui de la différence des conditions, et les petits ne mettent point leur fierté à porter les habits mal imités des grands. N'est-il pas remarquable que le « comme il faut » populaire, fait de bonne tenue, de douceur, de politesse, d'aisance et de simplicité, soit précisément en raison inverse des efforts pour se guinder aux façons bourgeoises ? Quand, au sortir de l'atelier, l'ouvrière grecque, semblable en cela à celle d'Italie, noue sur ses cheveux un mouchoir de couleur vive en harmonie avec sa robe de cotonnade à fleurs, elle a une autre allure que

la nôtre, prétentieusement coiffée d'un chapeau
ridicule et misérable. C'est par ces atours, qu'ils
croient les rehausser, que s'abaissent au contraire
les prolétaires de nos démocraties. Question de
goût dont conservent le secret ces peuples artistes du Midi, car le goût n'est pas autre chose que
de l'art.

Je me rappelle avoir vu à l'Ouvroir une
vieille Crétoise, aux grands yeux profonds
comme la nuit, dont la flamme se voilait de
tristesse dans l'ardente pâleur de son visage à
l'ovale très pur, encadré d'un foulard noir. Son
histoire était banale. Veuve, à la suite de quelque acte de tyrannie et d'insolence des maîtres
musulmans de son île natale, abandonnant son
foyer et son petit bien, elle avait dû se réfugier
à Athènes avec son fils, qui y avait fait ses études médicales. Mais il venait de mourir, et elle
se trouvait au nombre de ces exilés qui ne doivent leur existence qu'au généreux secours de
leurs frères du royaume hellénique. Jamais la
diplomatie européenne, ne parviendra à coups
de notes, ni même d'obus, à persuader aux
Crétois et aux Grecs qu'ils ne sont pas des
membres de la même famille, séparés par l'arbitraire et résolus à tout pour se réunir.

Je ne voudrais pas quitter le chapitre de la généreuse et intelligente initiative privée des riches Hellènes sans mentionner l'hôpital Evanghelismos, dit aussi de la Reine, à cause de la sollicitude militante que lui porte Sa Majesté.

En marbre, comme tout Athènes, aéré et ensoleillé au milieu des jeunes plantations de pins et d'acacias, qui s'efforcent de pousser de leur mieux dans cette terre desséchée, il est un modèle d'ordre, de propreté, d'élégance même, quoique sans luxe superflu, presque gai avec ses plantes vertes et ses fleurs sans parfum dont on orne les salles, à l'imitation des hôpitaux anglais. Si les infirmières sont laïques, c'est pour la raison que les congrégations grecques de femmes, assez pauvrement recrutées, comme celles d'hommes, ne s'occupent pas des malades, non plus que d'enseignement. On y reçoit jusqu'à cent cinquante malades gratuitement, et des pensionnaires au prix modéré de sept à douze drachmes par jour, selon la chambre. Ce n'est pas son moindre mérite d'être gouverné si économiquement, que pour dix mille drachmes, environ six mille francs au change moyen actuel, on y peut fonder un lit. Aussi est-il en voie d'accroissement. Hors les fièvres intermittentes d'ailleurs, l'Attique est saine, comme toute la Grèce, où l'on vit fort vieux.

J'ajoute que l'Evanghelismos aussi se trouve exclusivement aux mains d'un conseil d'administration féminin, chacune de ces dames en prenant charge à tour de rôle pendant une semaine. A très juste titre, la vice-présidente, baronne de Reineck, qui m'en faisait les honneurs, tire quelque vanité des excellents résultats obtenus.

Soit dit au passage à propos de ce nom, qu'on devine d'origine bavaroise, venu avec le roi Othon et demeuré après lui, on sait qu'il n'est point en Grèce de distinctions nobiliaires. Il ne s'ensuit pas que, selon de méchantes insinuations, les titres accolés à certains noms grecs soient de fantaisie, à l'usage des tables d'hôte et des tripots. Ce sont des titres étrangers. Le comte Capo d'Istria avait été sujet autrichien et avait servi en Russie. Les princes Maurocordato, Hypsilanti, Stourdza sont des Phanariotes, dont les ancêtres ont gouverné comme hospodars au nom du sultan les provinces chrétiennes du Danube : Moldavie, Bessarabie, Bulgarie. Tels sont l'ancien gouverneur de Crète, prince Georges Berovitch, et Etienne Musurus, prince de Samos. Mais les membres de ces familles qui ont cessé d'être sujets ottomans, pour revendiquer la nationalité hellénique, ne portent pas en Grèce un titre qui n'est pas grec. A Athènes on vous donne une lettre pour « Nicolas Maurocordato », ministre de S. M. en Turquie. Arrivé à Péra, vous la portez au « prince Maurocordato ».

Certains Grecs à tendances républicaines, toutes abstraites d'ailleurs, déclarent avec une fierté lacédémonienne y voir la marque de l'esprit profondément égalitaire du pays. C'est tomber dans l'erreur assez commune qui attache uniquement au titre ou à la particule cette valeur conventionnelle du rang social. Supprimez la pairie en Angleterre, il n'y restera que des M. X. ou Z. tout court, et les distinctions mondaines n'en seront pas déplacées d'une ligne. Partout où il n'existe pas d'aristocratie officielle, ou bien, comme chez nous, officieuse, pour ainsi dire, il s'en crée une qui s'impose on ne sait trop pourquoi ni comment : par un ensemble de fortune, de culture, d'élégances, de possession hérédiaire d'un certain niveau social. Dans la grande démocratie de l'autre côté de l'eau, on s'enorgueillit fort de porter certains noms qui sont une présomption de descendance des passagers de la *Fleur de Mai*, les plus anciens colons de l'Amérique. Depuis le Bosphore jusqu'à la mer Ionienne, dites de quelqu'un par exemple : « C'est un ou une Baltazzi de Constantinople », cela fait infiniment plus d'effet que si vous prononcez n'importe quel nom honorable, mais obscur. Le régime politique d'un pays n'a rien à voir dans ces choses de salon.

Et si l'on entend que la Grèce est particulièrement démocratique à cause de la familiarité populaire, il est véritable que les subalternes vous appellent amicalement « Monsieur Constantin » ou « Madame Hélène »; mais aussi vous les tutoyez. Encore qu'il y ait chez nous des comtes et des marquis, d'ailleurs dépourvus de tout privilège, c'est une liberté qu'il ne ferait pas bon prendre avec un cocher de fiacre. Des mots, des mots que tout cela...

XVI

L'HOSPITALITÉ GRECQUE ET LA MONDANITÉ ATHÉNIENNE

L'auteur de la *Grèce contemporaine* a noté avec complaisance le soin jaloux avec lequel les Grecs tiendraient leur maison fermée aux étrangers. On m'a assuré là-bas que c'est ingratitude noire, car il avait été accueilli en toute cordialité, comme le sont particulièrement les Français. Lui, cependant, leur reproche en outre, et de façon fort acerbe, l'oubli des services rendus par la France à l'époque de Fabvier et de la légion des philhellènes, de la bataille de Navarin et de l'expédition de Morée. Qui croire ? Pour ma part, je ne balance point à m'en rapporter aux Grecs. Peut-être mon jugement en cela est-il égaré par les obligeances et les politesses dont je n'ai cessé d'être l'objet parmi eux.

Au surplus, ayant déjà passablement voyagé, j'ai remarqué qu'on est bien reçu partout lorsqu'on est aimable. A y regarder de près, on découvrirait que ceux qui se plaignent de mauvais accueil à l'étranger appartiennent à cette espèce trop commune de gens emportant dans leur bagage des idées préconçues de raillerie et de dénigrement pour tout ce qui se fait ailleurs et autrement que chez eux.

Je ne puis parler que de ce que j'ai vu. Et en ce qui concerne les sentiments des Grecs pour notre pays, c'est plutôt un excès de bienveillance qui m'a frappée. Ce qu'ils en ont dit n'était-il que pour nous plaire ? L'intention déjà vaudrait qu'on leur en sût gré. Mais chez certains, j'en suis sûre, c'était absolument sincère. J'en pourrais nommer un que ses compatriotes appellent plaisamment « le Français philhellène ». Que lui et ses pareils me permettent de le leur dire : c'est trop. Si, à mon sens, le patriotisme ne consiste point à prôner sa nationalité par-dessus toutes les autres, il me semble d'autre part que des manifestations excessives en faveur de l'une de celles-ci sont autant de tort fait à la sienne. On gagne toujours à être soi.

Quant à ceux qui profitent de cette prédilection, ils en sont touchés certes, mais parfois aussi un peu irrités. Lorsqu'on ne trouve chez soi que trop de sujets d'affliction et d'alarme, on s'impatiente un peu de l'optimisme entêté d'étrangers plus royalistes que le roi, qui, insuffisamment documentés sur la matière, s'acharnent à vous prouver que tout est pour le mieux dans la meilleure des France. Cela fait l'effet de ces visiteurs trop aimables, lesquels, si l'on réprimande en leur présence un enfant pourtant fort chéri, prennent son parti contre ses parents en s'écriant : « Mais non, laissez donc... il est tellement charmant ! » Ne pense-t-on pas qu'il y a plus d'amitié véritable, ou du moins une amitié plus flatteuse, chez les étrangers que leur sympathie m'empêche pas de reconnaître nos égarements et de les déplorer avec nous ?

Quant à la prétendue inhospitalité des Grecs, c'est tout le contraire qui m'est apparu. Entendons-nous. Dans ce pays où tout était à faire, tout n'a pas marché du même pied, aussi la différence entre la capitale et les provinces y est-elle beaucoup plus accentuée qu'ailleurs. A l'intérieur, généralement parlant, les existences sont demeurées d'une simplicité assez primitive.

Nous sachant des besoins plus complexes et plus
raffinés, s'exagérant même le faste de nos habitudes, on redoute de nous donner le spectacle
d'existences aussi frugales.

Une Française qui passe les hivers sous le
bienheureux ciel ionien a manifesté quelque
dépit de n'être point conviée aux réunions de la
petite société corfiote.

« Que voulez-vous », me disait à ce propos
un banquier de la ville, « nous sommes des
gens simples, ignorants de votre luxe et de vos
élégances. Le train de Mme X. nous effarouche
un peu. Ne pouvant nous mettre à hauteur, il vaut
mieux que nous demeurions entre nous. Elle ne
s'amuserait guère de nos modestes plaisirs, et ils
seraient gâtés par le sentiment que nous aurions
de leur insuffisance. »

M. M....is, j'en puis témoigner, calomniait
son hospitalité et celle de ses concitoyens. Entre
nous, je crois bien que son esprit délié de Grec
mettait dans cette bonhomie une arrière-pensée
narquoise. Mais ce qui, pour lui ni pour d'autres
n'est pas absolument exact, répond bien à la
vérité dans nombre de cas. Il est de mauvais
goût autant que de mauvais cœur de railler la
médiocrité. Cependant il court assez de sots de

par le monde, pour que se conçoive cette crainte
d'un peuple fier de s'exposer à l'ironie, même
enveloppée de condescendance.

« Nous sommes pauvres, » m'a fait l'honneur de me dire le roi, « mais ce n'est pas de
quoi rougir. »

En tant que peuple, assurément non. Mais
individuellement, sans rougir de sa pauvreté,
on ne se soucie point d'en faire étalage.

Et qu'on ne parle pas de vanité. J'ai eu le plaisir d'être reçue dans un assez grand nombre de
maisons grecques pour savoir combien tout y
est familial, cordial, rempli d'aisance et de simplicité, exempt d'affectation et d'ostentation, de
snobisme et de rastaquouérisme, l'attitude enfin
de gens bien élevés, qui sont d'aplomb dans
toutes les circonstances de la vie. Chacun fait
ce qu'il peut. Ceux qui ne se croient pas en état
de vous recevoir aussi bien qu'ils le voudraient
s'efforcent de se rendre agréables et utiles au dehors, se dérangeant de leurs affaires ou de leur
far-niente — et ce n'est guère moins méritoire —
pour vous accompagner, vous piloter, aplanir
les difficultés que vous crée votre ignorance de
la langue. La modestie m'interdit de croire que
j'ai été privilégiée, et ce genre de politesse, ex-

trêmement appréciable en pays aussi lointain et aussi différent du nôtre, m'a été prodigué par toute la Grèce.

Quant à ceux qui vous font accueil chez eux, c'est avec une parfaite bonne grâce. Quoi de plus amical par exemple que de vous prier à un dîner de famille improvisé en votre honneur, et où on est vingt-cinq à table, vous seuls en effet étrangers à la parenté, ce qui n'empêche pas qu'on vous y fasse grande chère?

Je dois même avouer, en toute contrition, qu'à Athènes les dissipations mondaines nous ont pris le plus clair de notre temps. Ville séduisante, disais-je, et je le redis. Elle a le charme de ces petites capitales qui sont de grandes villes de province, où la société restreinte et homogène offre des relations faciles et permet une large intimité, avec, pour centre, une cour très ouverte et très simple, ce qu'y met de mouvement d'esprit l'agglomération des sommités intellectuelles du pays, et cet élargissement d'horizon qu'y apporte le cosmopolitisme du corps diplomatique.

Sans doute, il ne faut pas chercher à Athènes certains divertissements : les théâtres y sont peu de chose, les cafés chantants n'ont d'autre mérite que d'être situés sur le site des dialogues de Socrate et de Platon, au bord de cet Ilyssos aujourd'hui desséché, où la fille du roi Erechtée, successeur de Cécrops, fut enlevée dans une rafale par Borée amoureux. Les courses ici ne sévissent point, non plus que les premières et les vernissages. Courir les magasins des rues d'Hermès et d'Ecole ne saurait tenir grande place dans la vie des Athéniennes. Le cercle, où jouent beaucoup trop les Athéniens, n'a rien de commun avec le Jockey. La musique militaire du dimanche, de cinq à sept, sur la place de la Constitution, au milieu des innombrables petites tables des cafés circonvoisins, fleure la préfecture de seconde classe — une note locale donnée par de beaux pappas bien propres, ceinturés de soie, on des archimandrites portant une croix pectorale byzantine, par l'uniforme albanais des *efzónes*, cette infanterie d'élite en foustanelle dont les plis évasés sont battus par le coupe-chou, veste bleue brodée, minuscule tarbousch timbré de la couronne royale, tzarouhias rouges à pompon bleu, drôles de soldats à la démarche sautillante et déhanchée de danseuse.

Ce n'est qu'un bien petit Trouville, le Nouveau Phalère avec ses quelques cabines de bains, son

théâtre en plein air — n'a que cela d'antique —
et les flons-flons d'opérette dont s'égaie la bour-
geoisie d'Athènes, qui vient par le tramway
électrique « faire son persil » en toilettes claires
et complets gris, chapeaux de paille et souliers
jaunes. Plus genreux, le Vieux Phalère, où l'on
mange des huîtres ou de petits maquereaux
fumés, en buvant du raki sur la grève rocheuse
et déserte d'une baie furieusement bleue. Mais
la douzaine d'équipages qui s'y croisent n'est
qu'un faible reflet de l'allée des Acacias.

En y songeant, que sont devenues les trois
cent soixante statues de bronze érigées dans
l'Attique par un peuple idolâtre à l'archonte
Démétrius de Phalère?

Mais précisément à cause de la pénurie de
ces plaisirs extérieurs, passifs pour ainsi dire,
dont se passaient nos pères, qui n'en étaient pas
plus sots, et dont l'abus aujourd'hui tue l'esprit
de conversation, la science du monde et le
charme de l'intimité, les Athéniens y suppléent
par une sociabilité des plus aimables. Nos amis
se désolaient que nous fussions arrivés si avant
dans la saison, cette année surtout où on avait
jeté tout son feu pendant les Jeux Olympiques.

« Il faut revenir un hiver », nous disaient-ils. « Vous verrez, on s'amuse chez nous. »

Je le crois de tout mon cœur, car ils ont tout fait pour nous donner, avec le regret de les quitter, le désir de les revoir. La franc-maçonnerie des gens bien élevés donne à la mondanité de tout pays une couleur uniforme, mais que nuancent les idiosyncrasies de race. Chez les Grecs, cosmopolites par tradition, avec une faculté d'assimilation rare, et cependant peuple assez jeune sous sa forme moderne pour que ne soit pas altéré son génie propre, ce double caractère lui prête infiniment de saveur. C'est ainsi que les affections familiales, très vivaces, et tenant beaucoup de place dans la vie parce que les familles sont fort nombreuses, favorisent leur goût très vif pour le plaisir, en fournissant indéfiniment des occasions de réunion. Le prétexte sonne un peu provincial, mais le résultat n'en est pas moins aimable.

De même pour les solennités nationales et religieuses, païennes celles-ci autant que chrétiennes, telle la fête du printemps, célébrée le 1/12 mai — ce nous semble l'été — jour où toutes les maisons accrochent à leur porte une couronne de fleurs et de feuillage. C'est à elle que nous avons dû un délicieux après-midi dans l'ancienne villa de la reine Amélie, qui avait créé à grands frais au milieu de l'aride plaine attique une ferme à l'allemande, avec petit castel néo-gothique, dont ses propriétaires athéniens ont conservé la décoration armoriée de tous les blasons du Gotha, et jusqu'au mobilier douloureusement oldenbourgeois. Le tennis y est pratiqué avec ardeur, sur cette terre de la palestre, le *five o'clock tea* y remplace l'hydromel, et on y bostonne vigoureusement sur des pelouses presque anglaises, ombragées d'oliviers et d'orangers fraternisant avec les noyers et les tilleuls, et parfumées de magnolias et de mimosas, d'héliotropes et de roses. Où il y a de l'eau, la terre hellénique donne tout ce qu'on lui demande.

Ce qui vaut mieux que tout, la conversation ici est charmante. Arts et littérature, politique et chiffons, dissertations sur l'amour et commentaires de Wagner, il n'y manque rien, pas même les médisances et les petits scandales. Toutefois, au risque qu'on les en raille, les bonnes mœurs aujourd'hui étant fort démodées, si les Grecs se souviennent trop du paganisme pour être de l'étoffe dont se font les saints, ils ne sont pas non plus de grands pécheurs. Ce sont des qualités qu'ils ont plutôt que des vertus, mais aussi moins des vices que des faiblesses.

Je dirais que les salons d'Athènes ont le tour parisien, si ce qu'il nous plaît d'appeler de ce nom n'était celui de la bonne compagnie de partout. Mais les fils de Périclès l'assaisonnent de quelque chose de vif et de brillant, grâce de l'esprit plutôt que force de la pensée, superficiel un peu, encore que délié et subtil, où l'on reconnaît qu'ils ont à travers les âges hérité du sel attique. Incroyablement bien informés sur ce qui se passe chez nous — les petites choses plus que les grandes — ils le sont non moins bien de ce qui se passe ailleurs. Comment en serait-il autrement, alors qu'un dîner réunit à des Athéniens des Grecs de Constantinople, de Vienne, de Bucarest, de Pétersbourg, de Paris, de Marseille?

Et ceux qui croient que la fréquentation cosmopolite efface l'originalité nationale, n'ont qu'à regarder ce capitaine d'artillerie, aide de camp du prince héritier et conducteur attitré des cotillons de la ville d'Alcibiade, qui fait le signe de la croix en s'asseyant à table et en se levant. En sourie qui voudra — je n'en ai nulle envie. Et encore que ce ne soit pas dans une intention bien dévotieuse que, tout en causant et en fumant, au

café, à la musique, au théâtre, dans le monde,
les Grecs volontiers tirent de leur poche et roulent entre leurs doigts un chapelet d'ambre ou de
santal, le geste ne me déplaît point.

Ce brillant officier est le propre petit-fils de ce
pallikare de Thessalie dont, sans avoir la politesse élémentaire de déguiser son nom, Edmond
About a fait le « Roi des montagnes ». Un homme
en foustanelle et en veste chamarrée, avec des
pistolets à la ceinture, cela avait effarouché sa
morne redingote normalienne.

« Il n'y avait rien compris », me disait sans
colère Christos Hadjipétros...

Ces simples paroles me semblent résumer
fort justement les impressions d'About sur la
Grèce. Et lorsqu'on ne comprend pas, c'est si
aisé de s'en tirer par le dénigrement, voire la
diffamation. S'il a vraiment vu à la cour du roi
Othon tout ce qu'il nous dépeint de grotesque et
d'odieux, c'est miracle alors que la finesse et la
souplesse d'un peuple qui en si peu de temps a
subi transformation pareille. Mais en émaillant
son livre d'une ou deux de ces facéties vulgaires
qui traînent dans les recueils d'anas, et que je ne
lui ferai pas l'injure de citer, il nous met en doute
quant à l'authenticité de ses autres anecdotes,

dont quelques-unes sont nettement outrageantes pour des personnes nommément désignées ou indiquées très clairement.

Flatterie pour nous autant que commodité, notre langue coule sur les lèvres athéniennes souple et rapide autant que la leur. La satisfaction que nous donne à cet égard l'Orient, dont le français est le volapük, est ce qui nous rend partout si agréable le commerce du corps diplomatique. Je l'ai éprouvé à Athènes plus encore qu'ailleurs, hormis Constantinople. Une soirée passée à la légation d'Angleterre m'a donné l'illusion que je me trouvais chez notre ministre. Je me souviens, en un intérieur curieusement oriental, autour d'une table russe, où la France, l'Amérique, la Turquie, la Hongrie, l'Italie et la Grèce fusionnaient dans la langue de Molière fortement mâtinée de parisianisme, m'être un instant sérieusement demandé où j'étais. Non pas sur le boulevard cependant, car on y organisa, en guise d'excursion dans la forêt de Fontainebleau, une visite en bande de la vallée du Styx — laquelle au surplus n'a de funèbre que le nom et de mortel que sa fraîcheur.

C'est qu'ici on se familiarise avec ces grands noms légendaires, au point d'en user avec eux sans aucune cérémonie. L'Hymette « riche en simples », dit une vieille description d'Athènes, celle du protonotaire Théodore Zygomalas, qui l'appelle le « Jardin d'Adonis », hyperbole excessive pour cette montagne uniquement boisée de rhododendrons nains et de genévriers, et d'où ne vient pas le miel de ce nom — l'Hymette sert aux Athéniens de baromètre. Lorsque par aventure elle met son bonnet, on attend la pluie bienfaisante. On fait des parties de bateau à Salamine, où naquit Euripide le jour de la défaite des Perses, et où une Vierge miraculeuse donne lieu à un de ces pélerinages dont le nom de panégyrie vous a une jolie saveur païenne. Quant à Marathon, voilà le souvenir de la victoire de Miltiade rajeuni par celle du vigneron Louïs, renouvelant après vingt-quatre siècles l'exploit du soldat historique, mais sans pousser l'imitation jusqu'à en mourir sur la place.

On va se promener en charrette anglaise dans le bois d'oliviers, le bois issu de l'arbre sacré que Pallas Athéna fit sortir du roc de l'Acropole, où l'entourait l'exquis Erechtéion, le bois chanté par Sophocle né sous son ombre, à Colone, où il fait mourir Œdipe. Les rails d'un tramway à vapeur traversent ce jardin d'Akadémos où les éphèbes se reposaient des jeux athlétiques en écoutant les philosophes, domaine des platoniciens, tandis que les disciples d'Aristote se réunissaient au Lycée, derrière ce qui est aujourd'hui le parc royal. N'est-ce pas les étudiants d'Oxford et de Cambridge qui, par leurs exercices simultanés des muscles et du cerveau, sont les héritiers de la pure tradition académique?

Képhissia, le Saint-Cloud et le Ville-d'Avray des Athéniens, qui l'été y cherchent une fraîcheur très relative en des villas fleuries parmi les sycomores qu'y ont laissés les Turcs, c'est la source du Céphise, où il y a vraiment de l'eau, courant entre de vieux oliviers chauves, au tronc évidé comme celui des saules. C'est par la Voie Sacrée qu'on va déjeuner en bande sous les pins de Daphni, entre le cénotaphe de la courtisane Pythioniké et le couvent bâti par les croisés sur le site d'un temple d'Hélios, lieu de sépulture des ducs d'Athènes. On pique-nique à Eleusis, patrie d'Eschyle, parmi les ruines trente fois séculaires, bien ingrates pour les ignorants, du temple des Mystères.

Les Grecs n'eussent-ils que la gloire d'avoir inventé les mythes, cela leur vaudrait d'être immortels. C'est ici celui de la déesse bienfaisante, Déméter, donnant au jeune prince Triptolème le premier grain de blé que la terre féconda. Et ici, pendant deux mille ans peut-être, on adora les grands mystères de la vie et de la mort en ces solennelles et terribles Eleusinies, dont depuis quinze siècles sont perdus les secrets. Secrets transmis de génération en génération dans la famille sacerdotale des Eumolpides, et que le hiérophante dévoilait aux initiés, leur montrant la voie droite pour aller vers le bonheur sans fin de l'au-delà, arcanes infiniment sacrées, qu'à la profonde horreur de la Grèce ne craignit point de profaner ce grand libertin d'Alcibiade.

Ce qu'on y vient voir aujourd'hui en partie de plaisir c'est, le dimanche, les somptueux costumes, lourds de broderie et d'orfèvrerie, des paysannes du hameau de Lefsina, colonie albanaise alanguie dans les marais fiévreux au bord du golfe stagnant, clos de toutes parts. Et plus loin, à Mégare, réputé pour la beauté de ses femmes, après l'avoir été pour son école de dialectique et pour sa gaieté, d'où jaillit l'invention de la comédie, l'attraction moderne, ce sont les danses dont, à Pâques et à l'Assomption, se déroulent autour du blanc village d'aspect tout oriental les longues théories onduleuses.

Le charme d'errer dans cette banlieue illustre s'accroît de ce que, comme Rome, Athènes n'a point de faubourgs. Tout de suite vous êtes dans la campagne déserte, où la lumière s'épanche en grandes ondes vibrantes, sans d'autres rencontres que les troupeaux lents et les bergers rêveurs, ou des bandes de moissonneuses, nu-pieds, la dalmatique de feutre blanc par-dessus la longue chemise flottante, la faucille pendue aux reins, et balançant sur leur tête à demi voilée une cruche de terre en forme d'amphore. Dans tout cela, qui à dire est bien peu de chose et tout un monde à sentir, il survit on ne sait quoi de la grandeur antique. Est-ce dans l'imagination ? Peut-être. Mais qui dira où finit la réalité et si même elle existe, sans cesse trans-figurée au prisme de notre cerveau et de notre cœur ? L'imagination, ce sens merveilleux qui contient tous les autres, instrument divin de nos joies d'âme, et dont je ne suis pas bien sûre qu'il n'ait sa part même aux jouissances de notre corps — bien fou qui prétend se défendre d'elle et, l'ayant abolie, espérer que la vie encore vaudra la peine d'être vécue.

Et quand, revenant de ces promenades, au détour de la route Athènes apparaît tout d'un coup,

îlot de marbre dans la grande plaine blonde
enveloppée de poussière d'or, où le couchant met
des vapeurs de pourpre, le plus parisien des
Athéniens vous dira quelle émotion lui donne,
chaque fois revue, la silhouette de l'Acropole,
debout dans sa force et dans sa grâce, en exquise
harmonie avec la limpidité de l'atmosphère et
la pureté du ciel.

XVII

NAVIGATION INTÉRIEURE

A bord de la *Crète*, qui nous porte en Thessalie. Le départ du Pirée à l'heure rigoureusement précise cette fois, ce qui a pensé nous le faire manquer. La nonchalance du pays nous gagne, et nous avions escompté quelques heures de retard, comme à l'habitude. Mais ici il ne faut se fier à rien, pas même à l'irrégularité.

Nuit chaude, calme, sans lune, les flots lourds criblés d'étoiles. Le Laurium soupçonné dans l'ombre. Si doux qu'il soit de voguer sur la douce mer Egée, il faut dormir. Comment donc étaient faits nos pères ? Tout au long de l'*Itinéraire de Paris à Jérusalem*, Châteaubriand nous dit qu'il s'enveloppe dans son manteau et veille au pied du grand mât, bercé par des visions de l'Iliade ou de la Bible. Moins poètes ou plus las, nous cherchons le sommeil en nos étroites cabines, sommeil vague, coupé, un peu fiévreux et non sans charme, une torpeur plutôt, où s'anéantit le corps et qui n'abolit point la vie du cerveau, perdu en un vertige de visions confuses.

Le grand soleil levant réveille en frappant le hublot qu'il chauffe comme une lentille. L'ascétique dureté de la couchette ne disposant guère au voluptueux engourdissement matinal, autant monter sur le pont pour aspirer l'air pur, bienfaisant après ce renfermé dans une atmosphère étouffante, empoisonnée de relents divers, que domine celui de laine grasse.

Bénissons l'inconfort qui nous arrache à nos mollesses coupables. Nous sommes en plein canal d'Egripos, ce bras de mer qui sépare de la Grèce continentale la grande île appelée par les Vénitiens Nègrepont, et à laquelle on a restitué son nom antique d'Eubée, long lambeau de roc détaché par quelque cataclysme de la presqu'île de Magnésie. Si l'on était assez studieux pour consulter sa carte et repasser son histoire, dans ces blancs villages assis au pied des collines vertes et baignant dans la vague bleue, on reconnaîtrait l'ancienne Erétrie, où se réfugièrent après les massacres de Chio ces

Psariotes devenus les plus implacables vengeurs de la Grèce.

Et en face, sur les côtes béotiennes, cette baie profonde et déserte, c'est la rade où la flotte grecque partant à la conquête de Troie attendit le vent favorable. Eh quoi ! l'Aulide ? Si vous en doutez, le nom du « dème », ou commune d'Aulis, en est la preuve traditionnelle. Non loin de la grève, des ruines informes sont tenues pour marquer la place du temple où Artémis sauva Iphigénie du sacrifice propitiatoire. Remonterons-nous plus haut encore dans le chimérique de la fable, pour chercher le lieu tout proche où Zeus enleva Ganymède ?

En mouillant devant Chalcis, le présent nous fait oublier le passé. Un lac circulaire, nappe d'émeraude liquide, que les rayons du matin criblent de flèches d'or. On ne devine ni par où l'on y est en entré, ni par où l'on en sortira. Une ville tassée derrière de vieux remparts noirs, crénelés et flanqués de tours éventrées, découronnées, dont la silhouette sévère se reflète dans le miroir des eaux mortes. Au-dessus, scintillant sur le ciel clair, la calotte de neige d'une montagne. Il est six heures : on fait escale jusqu'à neuf. Nous descendons à terre avec une barque qui a apporté du lait à bord, ce délicieux lait de chèvre frais, écumeux, parfumé de sauge, de menthe et de romarin, comme on n'en boit qu'au pays de la nourrice de Jupiter. Un petit appontement délabré, une poterne turque, et nous sommes dans la ville.

Tout orientale, avec son ancienne mosquée et ses minarets convertis en clochers, les maisons basses à étage surplombant, des murailles blanchies à la chaux vive, du délabrement, de l'incurie, de la crasse, un grouillement à vide de population flâneuse, des échoppes, de petits cafés, au long des rues cordonniers et selliers battant le cuir en plein air, des bouchers écorchant leurs bêtes sur le pas des portes. Plus loin, la ville moderne, des quais, un vague mouvement commercial.

Mais où donc est la *Crète* ? Nous ne nous y reconnaissons plus. C'est qu'il y a deux ports, l'un au nord, l'autre au sud de cet étroit chenal de l'Euripe, que les anciens déjà avaient traversé d'un pont joignant l'île au continent, et fortifié successivement par Alexandre, par les empereurs de Byzance, par les Vénitiens et par les Turcs, dont il reste le kastro de Chalcis sur la rive d'Eubée, et sur la côte béotienne celui de Kara-Baba. C'était alors pour intercepter la voie maritime entre Athènes et la Thessalie. Depuis, pour la rétablir, on a fait un pont tournant.

Et voici pourquoi nous demeurons ici, à ne rien charger ni décharger. Non seulement le courant dans cet étranglement est d'une violence extrême, mais il change de direction jusqu'à quatorze fois par jour, selon une périodicité que, comme toutes les marées, règlent les phases de la lune. A vouloir le remonter, on risquerait de se briser contre les piles du pont, et on attend. Phénomène unique, paraît-il, demeuré inexpliqué depuis Aristote, qui s'en préoccupa fort, lors de son exil en Eubée. Ne dites pas cela aux Corfiotes, qui affirment que Corcyre fut son asile contre l'ingratitude des Athéniens.

Faute de quelque chose à faire, nous remontons à bord. Bien nous en prend, car tout à coup, sans crier gare, la *Crète* dérape et file comme une flèche. Il paraît que le courant a tourné et l'on en profite. Dans le détroit brusquement élargi, qui porte le nom de canal d'A-talanti, toute une longue journée douce et ber-

ceuse nous naviguons lentement. Des eaux de
lapis striées de marbrures de malachite, un ciel
de turquoise semé de menus flocons blancs, de
tous côtés des terres qu'enveloppe une légère et
pure vapeur bleuâtre, avec, en recul sombre, les
pentes des monts d'Eubée, couvertes d'épaisses
futaies de chênes et de pins, et sabrées çà et là
d'entailles sanglantes de marbre rouge. Indéfiniment se déroulent des vues de mer et de côtes,
se déformant, se transformant, toujours semblables et toujours diverses, indescriptiblement
exquises. Aux escales, loin des ports sur ce littoral escarpé, les barques sous voiles blanches
et rousses viennent s'accrocher aux flancs noirs
du steamer, grandes mouettes s'abattant sur
une baleine. A peu près à l'heure dite, dans les
premières ombres du soir, un de ces beaux soirs
violets de l'Orient, nous jetons l'ancre devant
Volo. Barrant l'horizon, une haute montagne
escarpée, dont les pieds baignent dans le flot.
C'est le Pélion.

XVIII

Voici quinze années seulement que la Thessalie a été donnée au jeune royaume de Grèce. Elle lui appartenait entre toutes, cette terre légendaire où chantèrent les aèdes sacrés dont les poètes orphiques ont recueilli et transmis jusqu'à nous les mythes et les symboles, berceau des premiers dieux, engendrés par le colossal embrassement de la Terre et du Ciel, théâtre de la lutte de Zeus et des Cyclopes contre ses frères les Titans, fils de Cronos, et de toutes les choses gigantesques et prodigieuses que raconte Hésiode dans cette *Théogonie* qui est la Genèse païenne. Le roi des dieux nouveaux l'habita et peupla l'Olympe de son immortelle postérité. Les noces de Thétys et de Pélée y furent célébrées, dont naquit le blond Achille.

Les Centaures y combattirent les Lapithes.
Deucalion y régna, de qui le fils Hellen et les
fils de ce fils, Æolos, Doros, Achæos et Ion donnèrent leur nom à la race hellénique et à ses
peuplades.

C'est au déluge qui a immortalisé le nom de
ce prince fabuleux que la Thessalie sans doute
doit sa configuration singulière, immense cuvette, lit d'un lac desséché, qu'isole une ccin-
ture de montagnes : le Pinde, la séparant de
l'Épire, les monts Cambuniens de la Macédoine,
la chaine de l'Othrys de la Grèce centrale, et
de la mer Égée le Pélion, l'Ossa, l'Olympe — de
grands noms. Deux défilés seulement y donnent
accès sur la mer : la vallée de Tempé vers le golfe
de Salonique, et aboutissant au port de Volo, la
passe de Pilaf-Tépé, où entre des collines basses
et chauves s'engage la voie unique du chemin
de fer.

C'est par là que nous pénétrons dans la vaste
plaine, naguère grenier des Romains, que les
Turcs ont rendue à la Grèce à peu près en friche.
Interminables landes de bruyères, brousses ma-
récageuses, vaines pâtures où, à côté des moutons, des troupeaux de bêtes à cornes broutent
une herbe courte et savoureuse, fleurie de

mauve, de rose, de jaune, faux-semblant parfois de champs de colza qui donnent une impression d'anachronisme. Puis, par places, des aspects de Beauce. Dès qu'on défriche, le sol donne ce qu'on veut : blé et vigne, riz et maïs, coton et tabac, ce tabac blond et parfumé dont sont faites beaucoup des cigarettes turques. L'élevage du bétail aussi est une source de fortune qu'il suffirait de développer, celui des chevaux surtout, la race vigoureuse et fière qui trainait les chars de guerre des anciens et qui a porté en Egypte, en Perse, aux Indes, la cavalerie d'Alexandre. Abâtardie aujourd'hui, nous savons ce qu'elle était par les frises du Parthénon. En la régénérant, la Grèce pourrait cesser d'être tributaire de la Roumanie et de la Hongrie pour la remonte de son armée.

Ce sont ici les bras qui manquent. La mise en valeur de cette terre à la fécondité endormie demanderait le double de sa population, inférieure à quatre cent mille âmes. Il y faudrait aussi des capitaux. L'intelligent patriotisme grec commence à y pourvoir. C'est ainsi que M. Zographos, beau-père de M. Léonidas Deligeorgis, député de Missolonghi et un des hommes politiques les plus importants du royaume,

a importé ici la culture de la betterave sucrière
et installé une raffinerie considérable, dont
la direction est entre les mains d'un Français.
Jusqu'à présent trois millions ont été consacrés à
cette entreprise, sans encore donner de bénéfices. En Grèce cependant, où le sucre, uniquement de provenance étrangère, coûte 2 fr. 70
l'oque (1282 grammes), pareille industrie devrait
prospérer. L'énergie et la persévérance finiront
par atteindre au but. La Thessalie est appelée à
un avenir prospère, et c'est un beau fleuron que
la conférence de 1881 a mis à la couronne du roi
Georges. Mais à un pays qui, hier encore, languissait aux mains paresseuses des Turcs, il
faut le temps de se reprendre.

Bien oriental encore est-il demeuré d'aspect.
Les villes ont beaucoup du caractère de celles
d'Anatolie, avec leur bazar à la fois indolent et
animé, où l'on circule sous des berceaux de vigne
et de glycine, les cimetières ombragés de cyprès,
les fontaines accostées de platanes, les frais jardins, les maisons de bois peint, à balcons et
moucharabis, closes et silencieuses, les mosquées, qui toutes ne tombent point en ruines,
un dixième de la population professant le culte
de Mahomet.

La foustanelle se fait rare, portée seulement par l'élément albanais. Le paysan thessalien est vêtu de grossier drap bleu foncé, veste courte, gilet croisé, pantalon informe, au fond immense, rétréci aux chevilles, ceinture de laine à larges plis, et le fez écarlate, avec, pour les musulmans, un mouchoir de couleur roulé autour en façon de turban. Sur ce fond uni, la fantaisie s'exerce en combinaisons de couleurs tout orientales telles que celle-ci : vestes sans manches, rouge dans le dos, aux devants bleu ciel, gilet de cotonnade imprimé à fleurs vertes et roses, chemise en mohadjir de Brousse, paille ou pistache à rayures mauves ou violettes.

A côté des Grecs, dont ici la finesse de type semble alourdie au contact intime et prolongé avec les Turcs, les Vlaques sont nombreux, presque Arabes par leur teint bistré, leur barbe d'un noir d'enfer, leur haute stature, leur crâne rasé sous le fez de feutre blanc, et la façon dont ils se drapent dans leur grande cape de poil de chèvre, assez semblable à un burnous. N'oublions pas qu'entre la période des invasions des Goths et des Huns, et l'époque où elle tomba aux mains du sultan, la Thessalie a appartenu aux Slaves et aux Bulgares, connue pendant les xii° et xiii° siècles sous le nom de Grande-Valachie.

Certains aspects de plaine donnent comme des visions fugitives du désert. De longues caravanes d'ânes et de mulets ondulent à travers l'espace ou vers l'horizon enflammé. L'œil cherche des chameaux, et ils seraient mieux à leur place ici que ceux que nous avons rencontrés cheminant laborieusement sur la route rocailleuse de Delphes, si rude à leurs pieds spongieux faits pour la mollesse des sables. Des bergers en longs vêtements de laine blanche galopent au loin à la recherche de leurs troupeaux. Le long de la voie où passent quotidiennement un seul train montant et un descendant, ils s'amusent parfois à gagner de vitesse la locomotive essoufflée. Aux petites stations ils nous regardent passer, tandis que leur monture sellée d'un tapis aux couleurs éclatantes, et chargée de sacs de laine bariolée, paît les orges du champ voisin. A Voïvoda, je crois — ce nom sent bien l'Islam — nous traversons une immense foire au bétail, avec, à perte de vue, des campements dans la lande, grouillement confus de bêtes et de gens, foule bigarrée, enfer de crasse, de sueur, de vermine, que transfigure la magie du soleil triomphant.

Pharsale, vingt minutes d'arrêt, buffet. Après avoir souri de ce rapprochement de mots, on considère avec respect la plaine glorieuse où succomba la fortune de Pompée. A peu de distance, des mamelons nus, sans lignes bien définies, nous sont désignés comme les Kynoskephalœ, Avec la meilleure volonté du monde, impossible d'y rien découvrir qui ressemble à des têtes de chien. Mais l'histoire nous reprend, cette histoire lointaine sur laquelle en Grèce on marche littéralement à chaque pas. Tout à l'heure Vélestino, l'antique Phères où Apollon garda les troupeaux d'Admète, nous a rappelé ce tyran Alexandros, qu'au pied des Cynoscéphales défirent les Thébains de Pélopidas, enseveli dans sa victoire. N'est-ce point là aussi que le consul Flaminius battit Philippe le Macédonien ? Non, non, oublions tout cela, car là-bas, cette muraille de roc qui grandit à mesure que nous approchons, sa silhouette hautaine se précisant dans la vapeur ardente dont est baigné le couchant vermeil, c'est la chaîne du Pinde.

Le Pinde, source des eaux thessaliennes, de l'Aôos, qui va jusqu'en Illyrie se perdre dans l'Adriatique, de l'Achéloüs, qui roule à travers l'Épire ses flots d'argent, du Pénée, nommé par

Hésiode, avec le Nil, au nombre des enfants de Téthys et de l'Océan, — le Pinde, lacis de gorges sauvages et ténébreuses, dont les pentes couronnées de neige et hérissées de futaies de hêtres, de chênes et de bouleaux, de pins, de sapins et de cèdres, ruissellent d'innombrables torrents au lit bordé de platanes — le Pinde, farouche, mystérieux, quasi impénétrable, repaire de l'ours et du chacal, naguère inexpugnable refuge des klephtes. Les *clephtais*, « les voleurs », injure que les Turcs leur ont jetée à la face, qu'ils ont relevée comme un titre d'honneur et qui, idéalisée par le romantisme, est devenue synonyme de héros.

Voleurs, sans doute, mais pour le bon motif. Brigands plutôt, et, nous le savons, cela est tout autre chose. Les Grecs vous l'expliquent avec ingéniosité. Dérober en se cachant, lâchement, platement, comme le renard sournois et l'enfant chipeur, ou encore, férocement, en tuant autrui désarmé afin de s'approprier son bien, voilà le vol, acte honteux et criminel. Se faire donner les armes à la main ce dont a besoin et qu'on ne peut avoir autrement, mais en respectant le pauvre et en ménageant le bon riche, c'est le droit du soldat en campagne, et les klephtes étaient les soldats de l'indépendance. Sophisme si l'on veut : — nous en vivons.

En principe ils ne rançonnaient, à défaut de Turcs, que les Grecs suspects de tiédeur patriotique. Assurément, à force de mépriser « ces esclaves qui travaillent aux champs et à la ville, tandis qu'à la montagne et dans les solitudes vit l'homme libre, sabre à la main », ils s'oubliaient parfois à l'arrogance et à la brutalité. La poésie populaire nous dit que les chefs avaient à les rappeler à leur rôle, dont le pillage n'était qu'un mal nécessaire.

« Ecoutez, mes *palicaria* (compagnons), mes *clephtopoulo* et mes *psychoï* (mes enfants, mes fils de l'âme), je ne veux pas de *clephtais* pour le mouton, je n'en veux pas pour le bélier. Je veux des *clephtais* pour le sabre et pour le fusil, pour les longues marches dans la montagne. »

Ils défendaient le vieillard et l'infirme, la veuve et l'orphelin, champions de la femme outragée par le Turc, de la croix insultée par le musulman, et leur chevalerie trouvait assez d'occasions de s'exercer, pour les absoudre de certains procédés qui semblent un peu vifs à nos sociétés pacifiques jusqu'à l'émasculation,

où de nous sentir si bien protégés par le gendarme, nous perdons la notion du droit viril et
sacré de légitime défense.

Légendaires sont restés les noms de ces
klephtes de Thessalie les Boukouvalos, les Lé-
péniotis, les Castantonis, Toscas, qui à ses compagnons parlant de se rendre offrait de les em-
paler de ses propres mains, puisqu'ils y tenaient,
ce qu'ils tiendraient sans doute pour plus agréable
que de l'être de celles des Turcs. Les chansons
qui les célèbrent disent qu'ils avaient « du feu
dans le cœur et de l'airain dans la poitrine,
leur bras pour oreiller et leur bouclier pour
matelas, pour pacha leur fusil, leur sabre pour
vizir... Ils se battaient trois jours et trois
nuits sans pain, sans eau, sans sommeil ; ils
mangeaient de la neige, ils buvaient de la neige,
et ils tenaient la foudre entre leurs mains ». Ne
pouvaient-ils emporter un des leurs, blessé dans
le combat, ils lui coupaient la tête, afin de
lui éviter le déshonneur d'être décapité par les
Turcs. Ainsi, après l'avoir baisée, fit Nicolas
Tsaras à son père, Georges, le capitaine qui tenait
les gorges de l'Olympe. Et le jour où périt ce
brave, « le soleil pâlit, la lune s'éteignit, l'étoile
du matin se leva sanglante ».

Ce massif d'Agrapha dont on nous montre les cimes violettes obscurcissant le ciel enflammé, presque inaccessible encore aujourd'hui, et où jamais ne se sont aventurés les arnautes et les bachi-bouzouks les plus intrépides, était la citadelle suprême de la *klephtouria*. Afin de conquérir le cœur de ses femmes, renommées pour leur beauté, et aussi martiales que leurs sœurs souliotes, les jeunes hommes allaient se faire blesser à Janina, et revenaient guérir ou mourir « dans le tablier d'une vierge ». Elles ne s'ennuyaient pas, ces belles montagnardes. On parle d'une d'elles que se disputaient quarante-deux pallikares, « desséchés à son soleil comme les plantes se fanent au soleil de Dieu ». Chastes, elles épousaient un klephte aussi chaste qu'elles, en avaient, cela s'entend, beaucoup d'enfants, et, devenues matrones, rééditaient, bien innocemment certes, le mot des mères spartiates, témoin cette *capitanissa* qui, voyant son fils Kitzos désarmé et enchaîné, lui dit :

« Mieux vaudrait n'avoir plus ta tête sur tes épaules qu'avoir perdu les armes que t'avait données ton père, ces armes qui devraient être suspendues dans une église, afin qu'elles soient éternellement bénies et que la rouille les ronge, comme la terre mange le brave. »

Non que tous les vaincus fussent aussi indomptés. Si, plutôt qu'avoir commerce avec les Turcs, les plus farouches préféraient « vivre parmi les fauves, là où les loups font leurs nids », tout un peuple de rayas labouraient et trafiquaient dans la plaine, plus prospère même alors qu'elle ne l'est aujourd'hui. Ainsi au siècle dernier la ville d'Ambélakia, qui n'est plus qu'un village, constituait un florissant syndicat industriel et commercial, ayant pour la vente de ses soieries et de ses cotonnades des comptoirs à Smyrne, Constantinople, Budapesth, jusqu'à Vienne, Leipzig et Dresde. Si brutale qu'ait été la domination ottomane, elle avait respecté certaines libertés locales. Une part d'autorité était déléguée à des fonctionnaires grecs, les *dinogérontes*. La milice nationale des *armatoli*, sorte de gendarmerie volontaire, y faisait la police, protégeant les pacifiques citadins et villageois contre les incursions de ceux de la montagne.

Au vrai, ils étaient le plus souvent complices des klephtes, comme d'ailleurs la plupart des paysans et des bergers, et à la première difficulté avec le kaïmakan, après quelque altercation avec un régulier turc ou albanais, dans un accès d'humeur ou pour un mot plus haut que l'autre, l'*armatolos* passait aux rebelles. D'autres fois au contraire, c'était un pallikare isolé qui, surpris par les soldats ottomans, rachetait sa vie en s'enrôlant dans les armatoles, quitte à l'occasion à changer de nouveau son fusil d'épaule. Les questions nationales n'ont jamais été aussi simples qu'on le croit d'abord.

Le terminus de la ligne vient buter au pied de la montagne, à peu de distance de la frontière macédonienne où, quelques semaines après notre passage, des bandes grecques ont fait le coup de feu avec des troupes turques. Fort sagement, le gouvernement du roi Georges s'est lavé les mains de ces échauffourées, comme de la crise crétoise qui les provoquait en ravivant les haines séculaires. Son devoir était de calmer l'effervescence[1]. Aussi le conseil de guerre d'Athènes a-t-il eu à juger de jeunes officiers qui, dans la témérité de leur patriotisme, avaient déserté pour se joindre aux insurgés de Crète ou de Macédoine. Il n'était pas moins juste de les

1. Le lecteur voudra bien se souvenir que ces notes ont été prises dix mois avant le commencement de la crise actuelle.

acquitter. La Sublime Porte n'avait pas à discuter l'arrêt des juges, et tout s'est passé en parfaite correction. Si les cœurs hellènes battent à l'unisson de ces rébellions permanentes, officiellement on est en paix avec le sultan. Cela durera ce que cela pourra, et peu de temps sans doute, en ce pays où la poudre est toujours prête à parler. Mais les gens sages affirment qu'un coup de tête serait pour embrouiller et retarder la solution diplomatique de la question.

Les cœurs généreux et les esprits irréfléchis — l'un souvent va avec l'autre, et pour cause, tellement la générosité est le parti le plus simple — s'impatientent et s'indignent qu'elle se fasse si longtemps attendre. C'est qu'il n'en est guère d'aussi délicate. Le surnom de « vieillard malade », plaisamment donné à l'empire du padischa, a fait fortune. Mais cet invalide n'en est pas moins fort encombrant. Voici plus de cinq siècles que les Osmanlis du sultan de Brousse, Orkhan, fils d'Othman le Victorieux, ont passé la mer Noire et mis le pied en Thrace. L'épine enfoncée ce jour-là au flanc de l'Europe n'en a pas encore été arrachée. Depuis si longtemps organisés que nous nous en désorganisons, nous avons peine à nous représenter, à nos portes, l'état chaotique encore de la région des Balkans, à peine libérée de la conquête musulmane. Et dans le bassin de la mer Égée, c'est loin d'être fini. A se souvenir que les Turcs ont campé sous les murs de Vienne, d'où, pour les refouler vers l'Orient, il a fallu Charles-Quint contre Soliman le Magnifique, puis un siècle plus tard Sobieski contre Kara-Mustapha, et à voir la déchéance actuelle de l'empire ottoman, il semble que souffler sur ce qu'il en reste suffirait à l'effondrer comme un simple château de cartes. Rien cependant n'est plus lourd qu'un cadavre. Et puis, on a voulu être pacifique, on l'est. Mais alors, adieu la chevalerie. Il fallait achever plus tôt de renvoyer en Asie ces Asiatiques. Ce n'est plus ici la force qui prime le droit, mais le droit qui n'ose plus recourir à la force. D'ailleurs, on ne parle que de droit aujourd'hui — si cependant on prétendait défaire tout ce que la force a fait, que resterait-il debout?

XIX

UNE THÉBAÏDE STYLITE : LES MÉTÉORES

Le temps d'enfiler nos costumes de cheval, d'enfourcher les montures préparées par les soins du chef de gare de Kalabaka, et nous voilà cavalcadant en file indienne par des sentes raboteuses, à travers le plus étrange pays du monde. Face à la chaîne du Pinde, dont le sépare la vallée où, bordé de lauriers-roses, le Pénée coule dans son large lit de cailloux blancs, un colossal massif de roc fendu comme à la hache en tranches verticales qui semblent de gigantesques menhirs, la plupart de forme cylindrique ou en façon de cône plus ou moins tronqué, se dressant à pic, à des hauteurs variables entre mille et quinze cents pieds, au-dessus d'un lacis de ravins fourrés de jujubiers et de lentisques, où s'encaissent de profondes rigoles, qui

demain seront des torrents furieux. L'action des
pluies sur cette pierre nue l'a par endroits rongée de cavernes, de crevasses, lui donnant des
aspects d'éponge pétrifiée, ailleurs au contraire
la faisant lisse et luisante comme du marbre strié
de blanc et de noir, à côté des traînées de rouille
qu'y a mises le soleil. Cela semble comme si le
déluge de Deucalion avait amené jusqu'ici la
mer, qui y aurait charrié, et abandonné en se
retirant, de ces falaises de granit dont le reflux
découvre les fondements polis et usés par le
ressac. Ou bien architectures titanesques, débris
de quelque fabuleux palais de ces fils d'Ouranos
qui jonglaient avec les montagnes.

Terré à leurs pieds, un petit hameau vert et
rose s'égrène parmi les orangers. Passé Kas-
traki, on est seul avec les chèvres blondes et
grises à épaisse toison soyeuse de mouflon, et le
sentier rempli d'ombre grimpe dans ce labyrinthe de rocs, dont il contourne en spirale les
bases énormes. En levant la tête, très haut, à
donner le vertige au rebours, on voit, crevant un
coin d'azur tout embu d'or, les sommets coiffés
de murailles blanches de chaux s'agrafant au roc
vif, des toits pointus en tuiles rousses, que sur-
montent des coupoles écrasées, des galeries de

bois vermoulu suspendues au-dessus de l'abîme, agglomérations incohérentes de bâtiments sans forme, tassés sur l'étroit plateau qu'ils débordent de toutes parts.

Ce n'est pas sans raison que ces monastères sont nommés les Météores, car on les croirait tombés du ciel, bolides qui dans leur chute seraient demeurés accrochés à ces cimes. Comment a-t-on hissé là-haut les matériaux pour les construire ? Ils n'étaient vraiment pas maladroits, nos lointains ancêtres de ce ténébreux et sanglant moyen âge byzantin. Et savez-vous bien qu'à côté de ceci, la tour de fer qui déshonore Paris sous prétexte de tour de force n'est qu'un jouet d'enfant ?

Au fait, comment y accède-t-on ? Rien de plus simple. Voyez-vous, zigzaguant au flanc du roc quasi perpendiculaire, ces échelles de bois accrochées à des saillies, faisant un escalier aérien dont les paliers sont formés par des anfractuosités en manière de plate-forme sans aucun garde-fou ? Voilà... et montez si le cœur vous en dit. Ah ! non, pas de mauvaise plaisanterie, n'est-ce pas ? On nous a entraînées ici en nous promettant que nous passerions dans un de ces couvents la nuit qui vient. Se propose-t-on de nous y introduire par ce procédé? Le frisson de la petite mort nous secoue de la nuque au talon.

Il y a bien un autre moyen : ce panier analogue à la nacelle d'un ballon, qui lentement descend au bout d'une corde se déroulant sur un treuil dont, d'en bas, nous voyons un moinillon en robe noire tourner la manivelle. Alors on pense que nous allons monter là-dedans? Mais pas plus que gabiers nous ne sommes aéronautes.

Non, non, rassurons-nous : ce monastère, qui est celui de la Transfiguration, ou plus élégamment Métamorphosis, ne reçoit pas les femmes. Bénis soient ces bons religieux !... Combien nous approuvons leur juste effroi de ces sources maudites de péché que nous sommes, et de quoi nous nous glorifions fort.

Point farouches cependant, et hospitaliers à leur façon. Dans la guérite surplombante où se manœuvre cet ascenseur primitif, un vénérable caloyer à longue barbe blanche a paru, et nous jette au fond de la gorge où nous avons mis pied à terre quelques-unes de ces paroles musicales dont le seul son nous dirait le sens aimable, quand même l'ami grec qui nous accompagne ne nous traduirait le compliment. Et le panier arrivé à destination nous apporte les rafraîchissements de bienvenue : un pot de confitures sèches, un flacon de raki et une cruche d'eau extrêmement fraîche, avec un seul verre et une cuiller unique. A tour de rôle nous nous en servons, nos agoyathes les derniers, car la simplicité des mœurs n'exclut pas la hiérarchie, fort heureusement en cette circonstance, et avec nos remerciements lancés à tue-tête vers la voûte céleste, nous renvoyons le matériel, qu'on hisse tout doucement par la même voie. Ce petit five o'clock est de ceux qu'on n'oublie pas.

Remontés à cheval, nous poursuivons notre route, et successivement passons au pied de toutes celles qui restent de ces pieuses demeures : la Sainte-Trinité, la Visitation, Haghios Nicolaos, Haghia-Moni, Saint-Varlaam. Et on nous raconte des histoires d'une hagiographie toute nouvelle à nos oreilles latines. Ainsi celle du dernier de ces bienheureux personnages, Catalau d'origine, célèbre dans l'Église d'Orient pour ses démêlés avec Grégoire Palamos, fauteur de l'hérésie des Omphalopsyches —pardon pour ce mot effroyablement barbare, dont on m'assure qu'il signifie : « Ceux qui ont l'âme au nombril », d'où je conclus, témérairement peut-être, à quelque infiltration bouddhiste —laquelle fut condamnée

dans un concile tenu en 1341 à Sainte-Sophie
par l'empereur Andronic Paléologue, à qui est
due la construction de la vénérable église métro-
politaine de Kalabaka.

Cette singulière thébaïde stylite, émanation
de celle, fort proche, du mont Athos, remonte à
l'époque où commence à tomber en déliques-
cence l'empire d'Orient, auquel la Thessalie,
l'Albanie, la Macédoine, une partie de la Thrace
ont été enlevées par le grand usurpateur, Etienne
Douchan, kral de Serbie, qui s'est teint un manteau de pourpre dans le sang répandu. Temps si
déchirés, qu'on ne savait plus qui était l'ennemi,
ou plutôt que chacun était armé contre tous.
Perchés sur ces pics inaccessibles, où, munis de
provisions et leurs échelles relevées, ils étaient
en sécurité absolue, les moines, tout près du ciel,
regardaient à leurs pieds faire rage les fureurs
des hommes. Des princes s'y réfugièrent dans la
paix du cloître, et quelle paix ! Ainsi Joasaph Paléologue, qui avec les Pères Nilos et Athanosios
en fut un des principaux fondateurs. C'est aux
libéralités de sa sœur, despotesse de Janina,
qu'est dû le monastère dit plus particulièrement
le Météore, un des plus considérables, naguère
riche en objets d'art et en précieuses archives,

dont il a été dépouillé au profit du musée d'A-
thènes.

Avec la fortune, la corruption se mit chez
les cénobites. On a peine à s'imaginer des
désordres en ce lieu austère, et cependant la
chronique rapporte qu'au temps de joyeux hi-
goumènes excommuniés, et qui n'en prenaient
guère souci, tel Thodosis, dit le Fou, des bohémiens des deux sexes égayaient leur solitude,
les aidant à se griser gaillardement du vin des
nombreuses vignes dont les communautés
avaient été enrichies pour la plus grande gloire
de Dieu.

Ruinés et inhabités sont actuellement plusieurs de ces monastères : ceux de Doupianos,
consacré à la Vierge, « la Toute Sainte », de
Callistratos, de Pantocrator. D'autres il ne reste
aucun vestige. Entre les sept qui subsistent, fort
amoindris et appauvris, sont répartis une cen-
taine de caloyers, revenus aux mœurs de leur
état, et engourdis dans leur sainte crasse, leur
pieuse paresse, la monotonie béate d'une règle
assez douce.

Toujours chevauchant dans ce désert silencieux comme une tombe, où descendent les
grandes ombres enveloppantes d'un crépuscule

mauve qui finit par se mouiller de pluie, nous festonnons le long d'une espèce de chemin, à travers de maigres pâturages et des taillis nains de chênes, de pins, de cyprès. Bercés par la paix ambiante, nous allons, sans savoir où l'on nous mène, sinon que c'est le gîte. Il ne faut que quelques semaines de ce pays déjà oriental, pour n'avoir plus les inquiétudes et les nervosités du voyageur.

Tout d'un coup, une haute muraille percée de rares ouvertures, rébarbative comme celle d'une forteresse, surgit devant nous en obscurité dans le clair-obscur du soir. C'est Haghios Stephanos, le monastère hospitalier à notre sexe, et que le hasard, car il n'y faut sans doute pas voir une délicate attention de la règle, fait le seul accessible par une voie raisonnable. Encore, pour se défendre contre les importuns, suffirait-il aux moines de couper la frêle passerelle de planches qui, jetée au-dessus d'une profonde déchirure, unit le plateau par lequel nous arrivons au colossal piédestal naturel sur lequel est posé le couvent. S'il ne manquait l'appel d'olifant pour annoncer notre venue, cette arrivée vespérale devant la poterne basse de ce qui semble un nid d'aigle féodal aurait une curieuse saveur moyen-âgeuse.

Mais nous sommes signalées — tout se sait en ces solitudes — et dans la cour irrégulière, escarpée, que bordent, au-dessus des arcades en plein cintre d'un cloître blanc de chaux vive, des bâtiments en briques roussies, d'aspect ténébreux et sinistre, un moine vient à notre rencontre, poilu jusqu'aux yeux d'une ample barbe de jais. Nous lui remettons la lettre que nous avait donnée le ministre de l'intérieur pour l'higoumène quasi-centenaire, tellement que ce saint homme, nous dit-on, en est mort depuis peu. En attendant la réunion du chapitre qui élira son successeur, celui-ci en remplit l'office et nous rend les devoirs de l'hospitalité.

Pour l'instant, faut-il le dire, nos désirs sont purement charnels. Combien légère était la collation aérienne des bons Pères de la Transfiguration, et elle est loin. Dans le froid et nu parloir de Saint-Étienne, meublé de bancs de bois auxquels les tapis bariolés qui les recouvrent prêtent un fallacieux aspect de divans, nous voudrions voir des préparatifs de souper. Lentement, solennellement, reparaissent selon l'ordre rituel la confiture encore, puis le mastic, puis le café, entrelardés toujours de l'éternel verre d'eau. Timidement, nous confions au compagnon

qui nous sert de truchement les angoisses de nos
estomacs, et combien superflu de multiplier les
apéritifs. Il nous affirme que c'est pour donner
au cuisinier le temps de nous faire grande chère.
Malgré cette bonne parole, nous demeurons
plongées en un abattement dont la mélancolie
s'accroît des ténèbres tout à fait tombées à présent, insuffisamment combattu par la lueur fumeuse, je voudrais pouvoir dire d'une torche de
cire, mais le respect de la vérité me contraint
d'avouer que c'était une vulgaire lampe à pétrole,
qui sentait fort mauvais.

Une table enfin est apportée, toute dressée.
D'après la description que, retour à Athènes,
nous avons donnée de la nappe, un secrétaire de
la légation de France a conclu que c'était la
même sur laquelle il avait dîné trois mois aupa-
ravant. Je sens qu'il serait de bon ton de prétendre que cette vue a offensé nos délicatesses
au point de nous couper l'appétit. Toujours sincère, je dois déclarer qu'il n'en fut rien. Entre
nous, ne croyez pas un mot des protestations de
ces personnes qui s'exclament : « Oh! jamais je
n'aurais pu manger, je n'aurais pu dormir...
Fi! l'horreur!... » Mises à l'épreuve, elles auraient fait comme les autres. Qu'on puisse ou

qu'on ne puisse pas, il le faut : on mange parce qu'on est affamé, on dort parce qu'on est las. Le corps reprend ses droits, se moquant bien du reste, et *volens nolens*, chacun y passe. Autant alors s'exécuter de belle humeur, en se faisant comme un sport des pires incommodités. Aussi, un conseil : ne voyagez jamais avec ces personnes-là.

Le menu toutefois nous inquiétait un peu. En Thessalie, on cuisine à la turque, et il nous restait le cruel souvenir de certain déjeuner au buffet de Pharsale : dés de foie à peu près crus, nageant dans un incertain liquide blanchâtre, où la fadeur du lait de brebis luttait avec des aromates bizarres ; boulettes de mouton haché, frites dans l'huile et saupoudrées d'une couche épaisse de fenouil ; effroyable flan semblable à une motte de margarine rance mêlée de sciure de bois, dont eût été obstruée la digestion d'un boa constrictor... Nous avions pu nous donner le luxe de faire la petite bouche, ne connaissant pas encore, à cette heure matinale, la faim, la vraie faim, ignorée dans notre vie de tous les jours, la bonne faim vorace de la bête qui a fourni sa course. Ce soir, nous nous surprenons à songer avec concupiscence à ce repas dédaigné.

Mais à dévorer comme des ogres le souper des dignes religieux nous n'avons aucun mérite. Encore que servi sans art, la qualité ne le cède en rien à l'abondance. Soupe aux herbes, fortement anisée; hachis de mouton mêlé d'oignons, de grains de riz, de raisins de Corinthe, de pistaches, et roulé dans des feuilles de vigne —récriez-vous tant qu'il vous plaira... c'était excellent; ragoût de veau aux tomates, supérieurement cuit à l'étouffée; autre ragoût de mouton aux poireaux et aux courges; rôti d'agneau froid, salade de chicorée sauvage, fromage mou de chèvre, vin noir à force d'être rouge, épais, chargé en alcool, sentant le bouc et la résine juste ce qu'il fallait pour lui donner son caractère national. Et tandis que nous dévorons à belles dents, l'entrain revenu, le sous-prieur, qui s'est attablé avec nous, grignote une tranche de *barbouni* — le rouget de la mer Egée — frite à l'huile, et quelques herbes à l'eau. C'est mercredi, jour maigre. Mais alors ce repas pantagruélique?... Il paraît que des protections occultes nous couvrent de leurs ailes, et des avertissements avaient précédé notre venue.

Pour nous servir, deux de ces jeunes domestiques laïques qu'ils ont dans les couvents : un gamin d'une douzaine d'années, de mine subtile et alerte, qui répond au beau nom de Périclès : l'autre, Loukas, grand gars au poil déjà poussé, frisé comme un petit saint Jean, les yeux d'un noir d'enfer reluisant comme braise dans son teint basané, tandis que ses lèvres souriantes découvrent des dents étincelantes de jeune loup. Tous deux sont fort éveillés, et le cénobitisme semble ne les point laisser insensibles à l'attrait du féminin. Car, encore que nos costumes ambigus les étonnent, les naïfs regards de ce chat sauvage de Loukas en particulier témoignent d'un intérêt flatteur jusqu'à en être presque inquiétant. J'aurais mauvaise grâce à nous vanter de cette conquête, si on ne considérait qu'aux Météores les spécimens de notre sexe ont le prix de la rareté.

Repus enfin — horrible, mais juste ! — nous nous alanguissons dans la fumée blonde des cigarettes, que la règle n'interdit pas au bon Père de partager avec nous, caressant l'ample barbe qui encadre son visage à la blancheur un peu efféminée par l'oisiveté recluse, et nous considérant avec une curiosité nonchalamment discrète. Manger, dormir — les étapes de la journée dans notre vie toute passive de vagabondage. Après la faim, c'est le sommeil qui réclame. Processionnellement, le long de vastes couloirs sombres, de galeries voûtées remplies de mystère, on nous conduit à une cellule où nous retrouvons notre bagage.

A la lueur vacillante de la veilleuse qui brûle devant l'icone du Sauveur, nous en avons vite inventorié le mobilier : deux lits bas, faits d'une paillasse de maïs et d'une couverture de laine de couleurs vives, une table branlante, un ou deux tabourets de bois, les murs badigeonnés au lait de chaux, des nattes sur le carreau de briques. C'est tout et c'est assez, d'une propreté relative qui nous suffit, après Sparte!... A peine la porte s'est-elle refermée sur nous que tout bruit s'éteint, et c'est dans un silence surnaturel, où parfois seulement gémit un cri d'orfraie, que nous nous endormons du sommeil de l'innocence qui a derrière elle quatorze heures de locomotion.

Ce n'est point une vaine métaphore celle, classique, de l'aurore aux doigts de rose — aux « rayons de rose » serait plutôt la traduction précise de ces jolis mots harmonieux : « *rododactylos hios* ». Que des pédants ne viennent point me dire d'écrire : *heos* — je mets l'orthographe phonétique, afin de bien montrer mon mépris pour la prononciation érasmienne, désespoir des hellénisants dont, en Grèce, l'érudition se trouve à peu près aussi empêchée que notre ignorance. Quand, à la fine pointe du matin, on nous réveille, comme le commande l'inexorable rigueur du départ, nous nous précipitons sur l'étroite fenêtre à petits carreaux verdis que frappe la lumière froide du soleil levant. Toute grande ouverte, c'est un cri que nous arrache cette vision.

Abrupte, colossale, la chaîne du Pinde, encore violette d'ombre, la neige seulement de ses hautes cimes teinte de ce rose doré si bien appelé « aurore », éblouissant dans l'exquise atmosphère matinale, plus pure encore et plus transparente que jamais nous ne l'avions vue sous ce ciel de transparence et de pureté. Le char de Phœbus nous apparaîtrait sur ces crêtes, entouré du cortège des Heures, que nos yeux n'en seraient point surpris, tant cette nature semble un merveilleux décor de féerie. Car c'est ici le domaine d'Apollon, qui, en la divine compagnie des Muses, se partageait entre ces sommets sacrés et ceux du Parnasse. Et en bas, très bas, au pied du rocher dévalant à pic, le Pénée abondant roule paresseusement ses eaux

lentes dans la large vallée verte qui tout entière
lui sert de lit, lorsqu'au premier printemps, ré-
gulièrement, comme le Nil son frère, il déborde
pour féconder de son limon la terre thessalienne.
Elle était sa fille, cette nymphe Daphné qui,
poursuivie sur ses rives par les désirs d'Apollon,
obtint du fleuve-dieu d'être changée en laurier —
exemple de vertu farouche assez peu commune
dans la voluptueuse mythologie grecque.

Derrière la montagne qui barre l'horizon, semblant proche à la toucher de la main, on devine
ces hauts et âpres pays d'Épire que, de Corfou,
nous avions aperçus par leur autre face, celle
de la mer. Et de nouveau nous ressaisit l'attrait
irritant de l'inconnu malaisément accessible.
D'ici pourtant, en deux rudes journées de mulet
à travers les défilés du Pinde, que coupe la frontière turque, nous gagnerions Janina. Mais encore et toujours il faut se borner, et nous regardons seulement, tandis que la vallée s'éclaire
peu à peu des flots d'or qui descendent du ciel
bleuissant. On s'y oublierait, et on envie presque
le jeune moine pensif qui, sous notre fenêtre où
s'étend une terrasse triangulaire en saillie sur
l'abîme, semble absorbé dans la contemplation
mystique de ce coin du monde où ce qu'il y a

pour lui de jours en compte au livre du destin s'écouleront goutte à goutte, obscurs, immobiles, sans heurts, sans désirs, sans espoirs. Éternel problème de la sagesse humaine hésitant entre la vie vécue, avec tout ce qu'on y peut mettre d'intensité, comme étant l'unique chose dont on soit sûr, et la mort vivante, entrant par anticipation dans l'au delà, d'autant moins redouté que souhaité plus ardemment.

Ce n'est pas ce matin que nous le résoudrons, car, eussions-nous l'intention de nous attarder à ces spéculations philosophiques, on ne nous en laisserait pas le temps. Même en Grèce les trains n'attendent guère les voyageurs, et comme il n'y en a qu'un par jour pour Larissa, on nous presse de descendre à Kalabaka, que nous apercevons tapi au fond de la vallée, où il a la valeur d'une fourmilière.

On s'habitue aux nourritures bizarres, aux lits primitifs, aux sommeils écourtés, aux toilettes sommaires. Par trop insuffisants, toutefois, l'aiguière de cuivre accompagnée d'un bassin minuscule, que, très cérémonieusement, nous apportent Loukas et Périclès, en se disposant à nous verser un filet d'eau sur les mains. A leur profond étonnement, nous les prions, joignant pour plus de clarté le geste à la parole, de nous laisser leur matériel et d'y joindre un supplément d'eau, beaucoup d'eau. « *Nero! poli nero!!...* » Voilà les deux premiers mots de grec que nous ayons appris, et clamés avec quelle fréquente insistance! Mais tout au rebours des indigènes, ce n'est point pour la boire, et l'usage que nous en faisons les laisse rêveurs.

Traversé la grande cour pierreuse, toute pleine de soleil, pour entrer à l'office matinal. Très sombre, l'église, édifiée au xiv° siècle par un Cantacuzène, sévère et nue, hors l'iconostase en bois finement sculpté de motifs décoratifs d'oiseaux et de fleurs, au milieu desquels brille l'or bruni des images saintes d'apôtres et de prophètes. Une douzaine de moines sont réunis, l'un d'eux lisant d'une voix éteinte et morne l'Évangile du jour, dans un énorme livre posé sur un haut tabouret de bois de cèdre richement incrusté de nacre et d'ivoire, faisant office de lutrin. Les autres psalmodient de ces étranges chants liturgiques en canon, allant sans transition des basses les plus profondes au fausset ultra suraigu. Rien n'est plus beau comme musique religieuse que le *Kyrie* orthodoxe, fugué sur l'accord parfait mineur, avec des tenues à l'infini de voix d'enfants faisant pédale à l'octave supérieure, et ce caractère hiératique, extra-humain, des mosaïques byzantines. L'archaïsme de l'Église d'Orient résiste obstinément à la fureur moderniste dont ne se défend point celle de Rome. En ces monastères, ne fait-on pas encore usage de la simandre ? A vrai dire c'est, nous dit-on, un vestige de la domination musulmane, alors que l'île de Chio avait seule conservé le privilège de sonner les cloches, en récompense du service rendu à l'Islam par la culture de l'arbre à mastic. Mahomet en effet n'a interdit que le vin, n'ayant pas prévu la liqueur.

Il paraît que le couvent de Saint-Étienne abrite une précieuse relique : la tête de saint Caralampos. Vous n'aviez jamais entendu parler de lui ? Moi non plus. Le calendrier orthodoxe est fertile en semblables surprises. En Orient, il faut le dire, on était canonisé à bon compte. Encore celui-ci fut-il martyrisé à Éphèse. Mais connaissez-vous l'histoire de sainte Irène ?

Cette belle Athénienne, que l'empereur Constantin Copronyme — joli surnom de monarque, signifiant « l'ordurier » — donna pour femme à son fils, Léon le Khazare, né d'une mère scythe, fut après la mort de son époux une grande souveraine. Léon IV avait-il péri de sa fin naturelle? Les mœurs de Byzance permettent d'autant plus d'en douter que, quand le jeune empereur Constantin fut devenu majeur, sa mère, qui avait pris goût à la régence, lui fit crever les yeux, de quoi mourut ce prince. Maîtresse de l'Empire, qui était alors dans sa splendeur, Irène traita avec le calife légendaire Haroun-al-Raschid et, nouvelle reine de Saba, offrit sa main au Salomon qu'était Charlemagne. Cela ne se fit point cependant — de mauvais propos peut-être? — et elle fut détrônée par Nicéphore le Logothète, dont on peut croire sans témérité qu'il était plus que son garde des sceaux. Retirée à Lesbos, elle y mourut dans la pénitence, en filant de la laine.

Cela n'eût sans doute pas suffi à lui mériter la canonisation, si elle n'avait eu le mérite de mettre fin au schisme de l'Église d'Orient. C'est sous son impulsion que le second concile de Nicée condamna les Iconoclastes, ces précurseurs des Albigeois, des Vaudois, des Hussites et de la Réforme, ainsi que l'hérésie manichéenne, émanation des doctrines du grand initié Zarathoustra ou, plus vulgairement, Zoroastre. Et pour ce, l'impératrice infanticide est fêtée le même jour que la Vierge-Mère, avec la sainteté de qui la sienne assurément n'avait rien de commun.

·A revivre ces choses, goutte d'eau dans l'océan des controverses, on s'émerveille que des gens qui savent l'histoire tiennent le sentiment religieux pour une sorte d'aberration humaine, débris vermoulu et négligeable des âges de barbarie, prolongé jusqu'au milieu du siècle dernier où, trouvant son chemin de Damas à rebours, l'humanité s'aperçut enfin que l'athéisme, l'indifférence tout au moins, est le seul parti digne d'un être raisonnable. Croit-on sincèrement que tout le sang versé à torrents de siècle en siècle, toutes ces fureurs allumées, ces férocités déchaînées, ces héroïsmes déployés, ces martyres soufferts, et aussi ces flots d'encre et ces flux de paroles, trésors d'éloquence, abîmes de subtilités, labyrinthes de doctrines, mouvement colossal de pensée — peut-on croire qu'aussi formidable mise en œuvre des énergies mentales et morales de l'homme, s'appliquant à des matières de foi, ait été dépensée pour de puériles et vaines niaiseries, marottes de vieilles femmes

et croquemitaines de petits enfants? La valeur
d'une idée se mesure à ce qu'elle remue de
passions. N'en déplaise à monsieur Homais,
on ne se bat et on ne meurt ni pour ni contre
le néant.

XX

LE FLEUVE APOLLONIEN ET LA RÉGION DE L'OLYMPE

A l'autre extrémité de la vaste plaine, nous
le retrouvons le fleuve apollonien, ce Péneios
que la géographie moderne appelle Salamyrias,
cours d'eau singulier qui, au rebours de l'usage, va
plus rapide et plus étroit vers son embouchure.
Il est encore large et lent entre ces bords fiévreux où s'élève la ville de Larissa, l'antique
capitale des Pélasges, puis de la confédération
thessalienne, dont la tradition fait le séjour
d'Hippocrate, devenue sous la domination de la
Porte Yénitschéri-Phanar, et demeurée très turque encore, avec ses minarets blancs et ses maisons musulmanes vermoulues et branlantes,
closes de moucharabis. La population ottomane
y fournit un contingent de près de moitié, parmi
lesquels la plupart des propriétaires du sol, qui

y cultivent le maïs, le coton et le tabac, tandis
que le commerce, assez actif, y est aux mains
des Grecs et de 3.000 juifs de race espagnole
grouillant dans le bazar.

Ni ses mosquées délabrées, ni les débris de
ses remparts, ni les restes imposants de son palais archiépiscopal, ni son vaste agora poudreux,
qu'égaient les brillants uniformes vert et amarante chamarrés d'argent d'un régiment d'*ippikoi*,
autrement dit de hussards, ni les fraîches prairies plantées d'énormes platanes, que les habitants appellent « le Bois », oasis dans la plaine
nue, éventée et poudreuse, rien de tout cela
n'offrirait un intérêt suffisant pour y attirer le
voyageur. Mais Larissa a mieux. Elle a, barrant
l'horizon vers le Levant, la perspective de ces
deux puissantes masses, l'une, moins haute, qui
semble servir de marchepied à l'autre, l'Ossa,
dont nous comprenons à présent comment, en
essayant de lui superposer le Pélion, au pied
duquel nous étions l'autre jour, les Titans furieux
espéraient escalader l'Olympe, hautain et superbe sous son casque de neige.

C'est vers ces monts fabuleux que se dirige
le cours du fleuve, à peu près parallèlement
suivi par une ancienne voie militaire des Ro-

mains, fort confortablement carrossable. L'anomalie que je signalais tient à un phénomène géologique. Lorsqu'une convulsion terrestre — que les anciens symbolisaient par un coup du trident de Poseidon — eut séparé de l'Olympe l'Ossa, les eaux du lac immense qu'était alors la Thessalie se vidèrent par cette brèche dans le golfe Thermaïque, que nous appelons de Salonique aujourd'hui. Elle est restée le lit du principal cours d'eau de la plaine, si abondant, qu'avant de s'y engager, un canal lui fait déverser son trop-plein dans le lac voisin de Bœbéis, où une population logée sur pilotis pêche la carpe et l'anguille.

Cette vallée de Tempé, en grec moderne Lykostomi, « la gueule du loup », a été tellement célébrée, chantée à si grand renfort d'hyperboles poétiques, que l'humble prose ne serait pas à hauteur de la description. Quiconque a voyagé s'imagine aisément une gorge profonde, taillée, comme du coup de sabre d'un être surhumain, entre de gigantesques murailles de roc rougeoyant, et au fond de laquelle, étroitement encaissée, une eau copieuse et limpide coule entre des platanes séculaires, enchevêtrés de lentisques, de jasmins, de térébinthes et de

lauriers, vigoureuse végétation en contraste avec
la nudité et la sauvagerie des hautes cimes dé-
chirées qui la dominent. Et c'est ainsi pendant
deux heures, jusqu'au brusque élargissement
où, à travers un chaos de roches et d'îlots, le
Pénée s'épanche dans les sables d'une plaine
riveraine de la mer, au pied de l'Olympe, ruis-
selant de cascades qui descendent du séjour des
immortels.

Si ces âpres sommets ne sont guère évocateurs
du royaume voluptueux et fleuri de Zeus, l'imagination y met bien le théâtre de ces combats
épiques des dieux primitifs en qui le paganisme
grec incarnait les forces de la nature. La grandeur farouche de la région de l'Olympe s'accroît
de l'ombre des épaisses forêts de pins noirs et
de hêtres clairs, de châtaigniers géants, de platanes colosses, qui en couvrent les pentes jusqu'à
une hauteur considérable. Forêts presque vier-
ges encore, hors les bûcherons et les charbonniers perdus en ces solitudes ténébreuses, quelques scieries au bord des torrents, de rares
bergers gardant les brebis et les chèvres du
monastère d'Haghios Dionysios, enfoui dans une
gorge si étranglée et si profonde qu'elle semble
une tombe. Les Anglais mêmes, pour qui le

sport suprême est de tuer quelque chose sur le
point du globe le plus rare qu'ils puissent trouver,
n'y chassent guère les cerfs et les chevreuils qui
vivent sous les ombrages olympiens, les chats
sauvages tapis dans les fourrés, les chamois qui
peuplent les cimes. C'est un coin de terre presque oublié des hommes.

Ceux qui sont montés jusqu'aux neiges éternelles de la montagne divine, dont il se fait un
trafic sacrilège avec l'Orient, où elles vont ra-
fraîchir les sorbets, disent qu'ils ont embrassé
un des plus beaux panoramas de terres et de
mers qui se puissent voir, du haut du pic consacré au prophète Élie par une chétive chapelle,
où chaque année les moines de Saint-Denis montent dire une messe dont la bénédiction rayonne
des chaînes du Parnasse et du Pinde à l'horizon
fuyant des plaines de Macédoine, et, sur la mer
Égée, depuis l'île de Chio jusqu'au mont Athos.

En ce pays de lumière et d'arrière-plans, une
ascension vaut la peine qu'elle donne, et celle-là
n'est que fatigante. Nous aurions dû rapporter
ce souvenir inoubliable, au lieu du regret de
notre hâte et du remords de notre lâcheté. Les
Grecs, il faut le dire, ne sont guère encourageants
pour ces aventures. A Corfou déjà, d'avoir voulu

monter au Pantocrator, une simple promenade,
nous avions passé pour des casse-cou. J'ai dit
ce qu'il nous avait fallu d'entêtement pour obtenir qu'on nous facilitât la traversée du Taygète.
Si nous avions manifesté le désir de renouveler
l'exploit des Titans, la cordialité de notre
aimable hôte, le maire de Larissa, n'eût pas, je
crois, résisté à cette épreuve. N'en éprouvant
aucune velléité, nous n'avons pas eu l'hypocrisie
de la feindre, nous bornant à contempler d'en
bas et de loin les cimes sacrées.

C'est bien déjà quelque chose. Certes, il peut
se trouver aussi beau et même davantage. Mais
l'emprise que certains lieux exercent sur les
âmes est faite du flamboiement de grands noms
légendaires. Un de mes amis, très voyageur,
quoique Parisien de Paris, me disait un jour, en
forêt de Saint-Germain, devant cette vue plon-
geante de la vallée de la Seine que gâte d'être
trop habitée : « C'est pourtant beau cela, très
beau vraiment, même pour qui en connaît bien
d'autres ». D'accord. Mais entre se trouver au
pied de l'Olympe ou du mont Valérien, n'y eût-
il pas d'autre différence — et il y en a une —
resterait celle de l'émotion. Et puis le connu,
le familier de tous les jours n'obtient qu'un

regard distrait. Avec quelle intensité, au contraire, ne jouit-on point de ce qu'on prévoit ne jamais revoir ! N'est-ce pas ce qui fait l'attrait aigu de l'amour secret et précaire, aux rencontres malaisées et rares, dont c'est souvent l'unique supériorité sur celui qu'on a légitimement sous la main ? Irréductible fait psychique contre lequel s'épuisent en vain à prévaloir et la morale et la raison.

XXI

AU PIED DU PÉLION

Le charme de ce qui passe et le regret que ce soit passé sont assurément la moitié du plaisir des voyages. C'est ainsi que de notre dernière journée sur la terre thessalienne nous avons conservé un souvenir exquis, dont s'étonneraient ceux que leur destin attache à ce petit port de Volo.

Après un excellent déjeuner auquel ne sont point insensibles nos estomacs traités ces jours passés avec trop peu d'égards, on nous emmène à la campagne. Tout est relatif. En route pour prendre le train, une bande : le consul de France, le directeur italien des chemins de fer de Thessalie, dont jusqu'à présent les actionnaires serrent plusieurs crans de leur ceinture, les femmes de ces messieurs, le sous-directeur, jeune ingé-

nieur grec de notre Ecole centrale, le démarque
récemment dégommé par d'ingrats électeurs,
une aimable Smyrniote — le tout Volo des premières enfin, et ces dames d'une élégance qui
nous semble même excessive, fort humiliante
pour nos costumes de voyage en voie de délabrement. Mais ne faut-il pas qu'on s'habille
quelquefois, et en ce lieu retiré les occasions ne
sont point fréquentes.

Mais pourquoi cette halte au coin d'une rue
poudreuse, où le soleil éclaire crument les façades
violemment blanches des maisons basses, et où
l'on nous fait asseoir sur des chaises empruntées
au perruquier voisin? Après tout, on n'est pas plus
mal ici qu'ailleurs pour causer, et nous avons pris
le sage parti de toujours nous laisser conduire
sans demander d'explications. A quoi bon, puisqu'on ne veut que notre bien? Bientôt nous éclaire
l'arrivée poussive d'un grand tramway à vapeur.
Et nous voilà roulant cahin-caha le long du golfe
bleu qui s'arrondit en une courbe molle dans les
flancs évidés du Pélion. Des aspects de la rivière
de Gênes, mais plus riants du côté de la terre,
où ce sont, au pied de la montagne, des champs
d'oliviers semés d'orge blonde, toute rouge de
pavots, des herbages fleuris de jaune et de mauve.

Grimpant sur les premiers contreforts, un blanc hameau se disperse dans des vergers luxuriants, où à côté des orangers, des citronniers et des figuiers, des abricotiers et des amandiers, des grenadiers et des cognassiers, arbres du Midi et de l'Orient, fructifient les cerisiers, les pommiers et les noyers du Nord. D'abondantes sources vives cascadent au milieu de cette verdure délicieusement fraîche, qui, par ces contrastes étranges des pays du soleil, borde la route blanche de chaleur et de poussière.

Un instant on nous en détourne, pour nous faire descendre dans une sorte de combe formant au torrent écumeux qui s'y laisse choir un bassin naturel, dallé de marbre noir et blanc, sous un dôme impénétrable de platanes séculaires. Mais on ne nous y laisse point séjourner, car ici on ne cesse de s'abriter du soleil que pour se défendre contre l'ombre. La fièvre y est la préoccupation constante. Ce n'est pas sans appréhension que tout à l'heure nos amis ont dû traverser un morceau de terre fraîchement remuée. Lorsque, dans la sécheresse calcinée de la ville, on nous parlait de rhumatismes, nous avions souri. Là-bas cependant, cette grève basse, d'un vert morbide, c'est un marais, qui à l'aube et au crépuscule sue des miasmes glacés. Et non loin stagne le Nessonis des anciens, que les Turcs ont appelé Karatschaïr et les Grecs Mavrolimni, même nom signifiant « marais noir » ; terre amphibie qu'on ensemence les années sèches et qui, les autres, suinte l'eau incomplètement évaporée du déluge de Deucalion. Comme l'odeur fauve de laine masquée par le parfum de l'oranger, la malaria ici se cache sous les fleurs.

On n'en redoute rien sur la hauteur où nous sommes arrivés : le moulin Cocosli, dont le propriétaire, très grec et très chrétien, est dénommé par les gens du pays « le Pacha », souvenir du temps encore tout proche où la terre thessalienne se trouvait presque exclusivement possédée par des musulmans. Épars dans un vaste verger, les bâtiments d'exploitation : moulins à huile et à farine, pressoir et cuvier, magnanerie, filature où travaillent une cinquantaine d'ouvrières. Au centre, juchée sur une superposition de terrasses fleuries, une tour carrée aux murailles épaisses de trois mètres, avec, à chacun des étages que dessert un escalier à vis, une pièce voûtée et blanchie à la chaux, meublée de tapis, de nattes et de divans. Vrai donjon d'où, aux époques insurrectionnelles, on a fait le coup de feu contre les Turcs.

. Pour si peu enclin que l'on soit aux manifestations bruyantes, en présence des beautés de la
nature, une exclamation échappe devant le
tableau qu'encadrent les fenêtres aux énormes
embrasures formant un petit retrait.

Dans une ceinture de montagnes sombres crêtées de neige, un pan de ciel turquoise et un morceau de mer indigo, avec, au premier plan, une
dégringolade de végétations faisant la plus vibrante
symphonie verte : vert tendre des arbres à fruits,
vert luisant des citronniers, vert noir des figuiers,
vert glauque des eucalyptus, mêlés de marron-
niers roses et de pawlonias violets, d'acacias
blancs, dont les effluves capiteux luttent avec les
senteurs plus lourdes des orangers chargés de
leurs pommes d'or en même temps que de leurs
fleurs de cire, de treilles aux feuilles toutes chif-
fonnées encore des plis pris dans le bourgeon,
de buissons de lauriers, de berceaux de jasmin
et de roses, des roses à profusion — puis, au-
dessous, piquée çà et là d'un grêle et mélancolique cyprès, une pente douce d'oliviers aux
pâles verdures frêles, descendant jusqu'aux
sables d'or que baise la vague bleue.

Et noyées en ces feuillages, de vieilles maisons turques dont le badigeon rouge qui s'écaille ajoute quelque chose de sinistre à leur clôture mystérieuse, un svelte minaret blanc demeuré debout auprès de sa mosquée écroulée dans les hautes herbes en fleur.

De l'autre côté, la haute muraille escarpée du Pélion se dresse par ressauts successifs, boisés d'abord de pins et de chênes verts au milieu desquels, très haut, éclatent en blancheur des villages qui semblent d'accès impraticable, et dont on s'émerveille qu'ils tiennent ainsi comme suspendus au-dessus des abîmes. Plus haut encore, c'est le roc rouillé et nu, puis une calotte de neige qu'il semble qu'on toucherait du doigt. Magie de lignes et de couleurs dans un bain de cette lumière subtile quoique ardente, aiguë et pourtant douce, qui seule vaudrait le voyage au pays qu'avaient élu les dieux.

Il nous faudra le quitter cependant, loin, bien loin d'avoir bu l'enchantement jusqu'au fond de la coupe. C'est pour regagner Athènes que nous partons ce soir, aussi n'en sommes-nous encore qu'à moitié du regret : celui de quitter ces amis d'un jour qui nous pressent de demeurer davantage. Ils auraient tant à nous montrer en cette péninsule de Magnésie dont le Pélion est l'arête, le Pélion, domaine des centaures, où le jeune Achille fit en chassant les sangliers son apprentissage de héros. On nous promet monts et merveilles, dont nous ne doutons point — et on nous invite aussi à une soirée musicale, car la mondanité sévit en ces parages tout comme ailleurs. Pas davantage l'esprit n'en est-il absent. Assis au crépuscule devant la petite gare où nous attendons le départ du train de retour, c'est une impression singulière que certaine conversation sur le livre de la veille qui, de ce rivage exactement où les Argonautes prirent la mer à destination de la Colchide, où ils allaient simplement « prospecter » des mines d'or, nous transporte en un de nos salons parisiens férus de psychologie.

Mais il nous faut partir. Et d'une mélancolie très douce est le retour à Volo, dans un couchant qui violace la mer, puis la plombe, et presque tout d'un coup ce sont les ténèbres ponctūées par les feux du port qui s'allument en même temps que les étoiles. Bientôt nous distinguons ceux de notre steamer, qui vient de Salonique, et nous appelle à grands sifflements stridents de sa sirène. Comme la chose la plus naturelle du monde, on l'a prévenu de nous attendre, et il nous attend, non sans commencer à s'impatienter. Des adieux rapides; nous nous jetons plutôt que nous n'embarquons dans le canot. On dérape, et nous nous enfonçons dans la nuit, oppressées un peu, après cette journée radieuse, par le mystère de ces traversées nocturnes, entre les deux abîmes de l'eau noire comme l'Érèbe, et du ciel aux profondeurs d'infini.

XXII

LA FAMILLE ROYALE ET LA POLITIQUE

Je me trouvais à Athènes le jour de la Saint-Georges, fête du roi, comme de la moitié de ses sujets. Si l'on se souvient que Sa Majesté est de naissance danoise, on admire le providentiel hasard de son baptême. La politique y a aidé. Le prince lointain appelé à régner sur les Hellènes s'appelait quelque chose comme Guillaume. Mais, dans la quantité des noms dont sont gratifiés les enfants de sang royal, on découvrit celui du saint national grec, et c'est ainsi qu'il pūt être proclamé Georges Ier.

Cette fête est célébrée avec beaucoup de simplicité, comme tout ce qui se fait en Grèce, par un bref *Te Deum* à la métropole, auquel assiste le personnel officiel, et que rehausse de sa présence le corps diplomatique dans l'éclat

de ses chamarrures et de ses panaches se mêlant
aux uniformes de l'armée. Sobres ceux-ci : l'infanterie en tunique bleue passe-poilée de rouge,
le collet haut à la prussienne galonné d'or, l'artillerie au plastron évasé par les boutons, fourra-
gère d'or comme naguère la nôtre, et la double
bande d'un ton fâcheusement groseille. La cavalerie cependant est fort brillante, en dolman
vert olive passementé de noir, à brandebourgs
d'argent, collet et parements amarante, la culotte
extrêmement collante et les bottes à la hussarde.
Pour toutes les armes, le képi à plumet bleu et
blanc, les couleurs nationales, et le ceinturon,
argent et bleu.

Les officiers grecs aiment l'uniforme, et ils
ont bien raison. C'est une regrettable habitude
que celle qui de plus en plus s'introduit dans
notre armée, de la tenue civile en dehors du service. Nous sommes seuls à être ainsi, avec l'Angleterre à qui nous l'avons empruntée, ainsi que
tant d'autres modes, si bien que quand on revient
de l'étranger à Paris ou dans nos grandes villes,
on ressent cette impression pénible que la France,
la vieille France si militaire, n'a plus que des
soldats sans chefs. Cette laïcisation de l'armée,
si l'on ose ainsi dire, pourrait bien avoir des

conséquences plus graves qu'il ne semble. Car ce sont les officiers qui lui donnent son prestige, et, encore que ce mot démodé prête à sourire aux esprits forts, on s'apercevra un jour, si ce n'est déjà fait, qu'il est des choses frivoles avec lesquelles on a grand tort de ne pas compter.

Cette fête d'ailleurs n'est point pour faire sortir les Athéniens de leur nonchalance. Quelques troupes sous les armes, afin de montrer le drapeau, aucun déploiement de police, attendu qu'il n'y a pas l'ombre de foule. Les voitures de gala, bien attelées, des piqueurs remarquablement montés, les gens en livrée bleu et argent, culottes courtes, bas de soie et chapeau en bataille, jurant singulièrement avec la moustache. ce privilège du guerrier que ne consentiraient point à abdiquer les domestiques grecs : le maréchal de la cour en bel uniforme écarlate ; dans une daumont, le diadoque. viril et sympathique, en compagnie de son impériale belle-mère, venue pour les couches de la princesse Sophie : les princes Georges et Nicolas. celui-là plus athlétique, celui-ci plus élégant ; les gentils petits princes André et Christophore, en costume de marin. Selon son habitude, le roi s'est dérobé à la fête dont il est le héros, aujourd'hui en croisière sur son yacht avec la reine et la princesse Marie, tout nouvellement fiancée à un de ses cousins russes, un peu précipitamment, dit la malignité publique, à cause de la visite du roi Alexandre de Serbie, qui, s'il en eût été prévenu à temps, serait sans doute resté à Belgrade, et n'a pas laissé de ressentir quelque humeur de son inutile démarche.

Aucune curiosité sur le passage du cortège, auquel on tire son chapeau comme à l'ami rencontré tous les jours. Rien de plus, mais aussi rien de moins. La popularité d'une maison régnante se mesure-t-elle aux manifestations bruyantes du populaire? La seule psychologie suffirait à répondre que le délire capricieux de l'amour ne convient point aux solides affections familiales. L'expérience de quiconque connaît les pays attachés à la forme monarchique et affectionnés à leurs princes savent que cela n'est pas moins vrai des nations que des individus. La sympathie tranquille, la cordialité respectueuse dont est ici entourée la famille royale me paraît être l'hommage le plus enviable qu'on lui puisse rendre.

Certes, au pays d'Aristophane on est demeuré frondeur. Le Grec parle librement, et nous savons qu'il parle beaucoup. Mais la fronde des peuples, c'est comme la turbulence des enfants, un dérivatif nécessaire, et tant qu'elle n'outrepasse point les bornes, inoffensif. On se plaint de l'indifférence du roi en matière politique. S'il prenait aux affaires une part plus personnelle, on ne le blâmerait pas moins. Tel est le lot des souverains constitutionnels. « Ne rien faire et laisser dire » semblerait devoir être leur devise. Ils font cependant plus qu'on ne croit ; mais ils ont raison de laisser croire qu'ils ne font rien, sinon on leur attribuerait tout ce qui serait trouvé mal fait. Je me suis laissé dire que, lors de la récente crise crétoise, la sagesse du roi a eu une action d'autant plus efficace qu'elle s'est exercée discrètement. Apaiser, concilier, retenir, est la tâche, souvent ingrate, du pouvoir irresponsable. Dans le mariage d'un peuple et d'une couronne, c'est à celle-ci qu'échoit ce rôle en effet tout féminin [1].

1. Il est question ici des mouvements qui ont été les prodromes de la grande insurrection au milieu de laquelle pataugent en ce moment les chancelleries européennes. Lorsqu'elle a éclaté quelques mois plus tard, on sait comment le souverain, au contraire, a pris l'initiative d'une action militaire de la Grèce en faveur de l'île sœur. C'est que, comme on le dit plaisamment, le devoir d'un chef de

Ce qui est plus malaisé encore, Georges Ier a su se faire aimer. Il est d'ailleurs à l'honneur des Grecs, dès l'antiquité pourtant plus réputés pour leur esprit que pour leur sens politique, d'avoir, et après une première expérience fort malheureuse, aussi complètement adopté et nationalisé un souverain qui n'est pas de leur sang. Homme du Nord par surcroît — quoiqu'en y réfléchissant cela ne le qualifiât point si mal pour régner sur une race moins méridionale qu'orientale, ce qui veut dire plus calculatrice que passionnée.

Également digne de louange est la grande tolérance des Grecs en matière religieuse. Tolérance qui pourrait bien être faite de tiédeur, mais devant ses heureux effets il messiérait de disputer sur les causes. Le roi est demeuré luthérien et a au palais sa chapelle privée. Orthodoxe russe, la reine fréquente sa propre église. Nés sur le sol hellénique, les princes seuls profes-

peuple est souvent de le suivre, mais en paraissant im-
poser au lieu de subir. Le tout est de ne s'y prendre ni trop tôt ni trop tard. L'avenir dira si le roi Georges a calculé juste pour le bien de son peuple et de sa dynastie. Mais quiconque connaît l'ardeur belliqueuse des Grecs sur les questions patriotiques sera d'avis qu'une résistance obstinée à leur entraînement eût été impossible.

sent le culte national. Lorsque récemment la
princesse héritière a abjuré le protestantisme,
c'était afin de pouvoir diriger elle-même l'éducation religieuse de ses enfants. Le motif est de
ceux devant lesquels on n'a qu'à s'incliner. Mais
si c'eût été la popularité qu'elle cherchait, elle
se serait trompée, car l'opinion ne lui demandait rien, trouvant logique et légitime qu'une
princesse allemande restât attachée à la foi de
ses pères.

Le pays sait gré à ses souverains de lui avoir
donné une nombreuse famille royale, belle,
saine, forte et bien grecque. On m'a conté que
le jour où partit pour la Russie la *vassilopoula
chrysomaloussa,* « princesse aux cheveux d'or »,
celle qui allait devenir la grande-duchesse Paul,
le roi n'avait voulu aucun apparat. Il eut mieux.
Depuis les portes du palais jusqu'aux quais du
Pirée, le peuple se pressait sur le passage des
voitures, les empêchant d'avancer, et le peuple
pleurait. Un vieux jardinier qui l'avait vue naître
s'étant approché d'elle en sanglotant pour lui
baiser la main, elle l'embrassa *coram populo,*
ce qui porta l'attendrissement à son paroxysme.
Ses augustes parents l'accompagnèrent jusqu'à
Trieste. Lorsqu'elle descendit du navire, qui était

encore la Patrie, le roi lui aurait dit : « A présent, vous quittez la terre hellénique. Adieu, ma fille, et demeurez aussi Grecque en Russie, qu'en Grèce votre mère est demeurée Russe ».

Si le mot est inventé — comme le sont pour la plupart ceux que l'on prête aux princes, — il résume sous une forme bénigne le seul grief, et combien mince, des Hellènes contre la reine Olga. C'est peu de chose à se faire pardonner, et elle y réussit en sachant être bonne avec grâce.

Faiblesse peut-être pour la terre de sa naissance, que ses visites à ce matelot russe malade à l'hôpital du Pirée, et qui, mourant, demanda qu'elle vînt encore lui parler la langue de son pays. Elle y fut, et berça son agonie de cette consolation. Mais elle n'est pas moins charitable à ses sujets. A l'Evanghelismos on vous dira comment, pour satisfaire à un de ces déraisonnables caprices de poitrinaire, elle vint de deux jours l'un passer quelques instants au chevet d'un pauvre diable, jusqu'à sa fin que chaque jour retardait l'espoir du lendemain.

Jamais la princesse Alexandra ne put s'acclimater en Russie. Sa mère s'en étonnait, à quoi, dit-on, elle répondit : « Mais vous-même, voilà bien vingt-cinq ans que vous ne vous accoutumez

pas au climat de la Grèce. » La grande-duchesse
s'accoutuma si peu à ce ciel glacé, qu'en plein
éclat de jeunesse et de beauté elle y mourut,
loin de l'or et du bleu de la douce Hellade qu'elle
aimait. Et le peuple, dont elle était chérie, mêla
ses larmes à celles qui coulèrent au palais.

Et les Grecs seraient républicains?... Pourquoi
faire, justes dieux, quand leur monarchie est la
meilleure des républiques? N'est-il pas curieux
que les esprits souvent qui se targuent d'être le
plus libres soient le plus esclaves des mots? Car
ce n'est qu'un mot, comme c'est chez nous une
élégance de se dire anarchiste un peu. La Grèce
a une opposition; elle en a même plusieurs, et
le régime parlementaire y fonctionne aussi mal
qu'en tous autres pays, hormis l'Angleterre, qui
l'a inventé. Mais du moins n'est-elle point divisée
sur la question de régime. Elle a une autre
force, que le roi me signalait avec un légitime
orgueil: c'est d'ignorer le socialisme. Ce bienfait
pourrait bien n'être pas acheté trop cher au prix
de la pauvreté' nationale qui lui vient de n'être
pas encore industrialisée.

Elle a aussi ses faiblesses, auxquelles nous
avons toutes raisons d'être indulgents: la légèreté et la mobilité. Mais lorsque cela ne porte

que sur des questions de personnes, non de
principes, le mal est moindre. La politique inté-
rieure des Grecs est surtout faite d'ergotage,
les affaires publiques fournissant un thème éternel à leur abondante conversation. Sur un seul
point tout le monde tombe d'accord : c'est le
panhellénisme, poussé jusqu'au rêve de Constantinople capitale, ce qui est peut-être excessif.
L'ardeur aveuglément patriotique avec quoi la
nation entière poursuit ce but inspire aux plus
ignorants de l'intérêt pour ces questions exté-
rieures, en d'autres pays lettre absolument close
aux esprits populaires. Le président actuel
du conseil, Théodore Delyannis (1), physionomie fine et froide de vieux parlementaire, que
réchauffe une bonhomie doucement ironisante,
m'en contait un trait bien typique. A l'époque de
je ne sais laquelle des crises aiguës de la chronique question d'Orient, comme il passait à travers la campagne au fond d'une province retirée,
un laboureur le reconnut, et venant le saluer
avec l'aisance familière du peuple de ce pays, lui
demanda à brûle-pourpoint :

« Est-ce vrai, Excellence, que l'Angleterre

(1) Il ne l'est plus depuis hier ; il le redeviendra demain.
Ce n'est pas chez nous qu'on s'étonnera de cette instabilité.

17

veut encore nous créer des embarras (1) ? »

Né sophiste, la souplesse de l'esprit subtil et délié du Grec, à la compréhension vive, à l'assimilation prompte, le rend apte à raisonner de tout, dont il ne se fait pas faute. Sur cet article du moins il n'est pas nonchalant, et ne met guère en pratique son proverbe : « Mieux valent paroles aux champs que disputes à l'aire. »

(1) C'est aujourd'hui au « concert européen » tout entier — ce fameux concert plus discordant que ne le fait croire son nom harmonieux — que s'en prennent les Grecs, particulièrement à l'Allemagne, dont l'attitude leur a été la plus hostile, tandis que l'Angleterre et l'Italie sont mieux disposées pour eux. La Russie non plus n'est pas vue par eux d'un œil favorable, et en bons alliés nous supportons les éclaboussures de ces colères. Lors du blocus du Pirée en 1886, pour avoir refusé de s'y associer, la France au contraire était portée aux nues, et quand j'ai visité la Grèce, je l'ai encore trouvée sous cette impression de gratitude. Ce n'est pas la première fois qu'a été brûlé ce qui avait été adoré.

Il convient cependant de noter, à l'honneur de ce peuple si excitable, qu'en dépit de l'effervescence qui l'anime depuis le commencement d'une crise déjà longue, il n'a pas oublié les lois de l'hospitalité, et qu'aucune manifestation ne s'est produite contre les légations. On se rappelle des occasions où Paris, sur ce point, aurait pu prendre des leçons d'Athènes.

XXIII

GRÈCE MORTE ET GRÈCE RENAISSANTE

Et le Parthénon? Et ce musée unique et
merveilleux, rempli des débris magnifiques du
paganisme exhumé? Sur tout cela je me tairai,
car tout en a été dit par des voix plus autorisées
et plus éloquentes. L'érudition d'ailleurs est pour
les érudits ; pour le voyageur simplement
curieux de sensation, elle ne fait que le refroidir. Chaque fois que je suis montée à l'Acropole,
à me griser de beauté ambiante j'ai oublié le peu
d'archéologie que je possédais.

Il faut aller en Grèce pour comprendre l'art
grec dans toute sa splendeur et sa sérénité, art
impérissable, art divin, dont le germe apporté
d'Egypte peut-être par Cécrops, ou de Syrie par
Thésée, et déposé dans l'esprit ardent et subtil
d'une race amoureuse de la forme, a engendré

l'équilibre parfait de la simplicité, de la force et
de la grâce, la grandeur de la conception sur-
passée seulement par la perfection de l'exécution. On voit à l'Acropole des murs de soutène-
ment faits de fragments amoncelés de colonnes,
de frises, d'architraves, d'entablements, de chapiteaux, de corniches. Chacun de ces débris de
marbre, qui avant d'être avilis au triste office de
moellons se trouvaient placés hors de la vue, à
trente pieds au-dessus du sol, est ajusté et ciselé
avec autant de précision et de finesse qu'un ivoire
d'étagère. Ne sont-ce pas de véritables œuvres
d'art, que ces stèles et ces vases funéraires, que
ces bas-reliefs votifs dont le musée possède une
collection unique, pourtant sculpture industrielle
de simples marbriers? Et qui ne connaît les exquises poupées de Tanagra, sorties des doigts
d'ouvriers modeleurs — et ils étaient Béotiens !
— lesquels seraient fort étonnés de les voir
aujourd'hui vendues leur pesant d'or.

L'esprit demeure confondu à reconstituer
Athènes au temps où la procession des Pana-
thénées gravissait les marches énormes de ces
Propylées mutilées par les boulets rouges des
Turcs et des Vénitiens. C'est à faire pleurer les
anges, que l'état où les fureurs des hommes ont

réduit ces monuments d'un âge prestigieux. Une relation du P. Babin, de la Compagnie de Jésus, écrite en 1675, décrit le Parthénon avec une exactitude photographique, à peu près tel qu'avait dû le laisser Périclès, hors les modifications successives apportées par les chrétiens et par les musulmans pour approprier au culte de la Vierge, puis de Mahomet, le sanctuaire de Pallas. Pour son malheur, l'Acropole était aussi une citadelle. Ce fut le bombardement de 1687 et la formidable explosion d'une poudrière qui éventrèrent le temple d'Athéna Polias. L'Erechtéion converti en église dédiée au Sauveur, puis en harem de l'aga, fut fracassé par la canonnade pendant la guerre de l'indépendance.

Encore plus que la haine, la cupidité fit son œuvre de ruine. Pendant des siècles la Grèce avait appartenu à tous, hors à elle-même. La célèbre statue colossale d'Athéna Parthénos, haute de vingt-six coudées et entièrement recouverte d'or et d'ivoire, dont ne sauraient nous donner qu'une faible idée les réductions en marbre conservées au musée, fut sous le règne de Justinien emportée à Byzance, où elle a disparu dans les sacs et les carnages. Qu'est devenue cette autre œuvre chryséléphantine de

Phidias, l'Athéna Promachos, qui dominait le Parthénon du tiers de sa hauteur, et dont, en vue du cap Sounion, le navigateur apercevait par-dessus le Laurium et l'Hymette le cimier du casque et le fer de la lance menaçant le ciel bleu ?

Voulant emporter à Venise comme dépouille opime le fronton représentant Hephœstos frappant de sa hache le crâne de Zeus, d'où s'élance Pallas tout armée, le doge Morosini eut affaire à de maladroits ouvriers, qui le laissèrent choir sur le rocher, où il se brisa en miettes. Vint enfin lord Elgin, qui, de ce que le comte de Choiseul-Gouffier avait emporté quelques fragments des frises du Parthénon, s'autorisa pour l'immense pillage que l'on sait, dont au prix d'un million il enrichit le British Museum d'un trésor inestimable. Et dans la hâte mise à cette besogne, de crainte sans doute que le sultan ne révoquât le firman qui l'autorisait, on brisa l'architrave pour enlever les bas-reliefs, on rompit les corniches pour arracher les métopes, ne laissant qu'un squelette dont l'impérissable magnificence dans cette nudité est la marque la plus éclatante de la grandeur de l'art qui l'a conçu.

Comme excuse de la barbarie qui a dépouillé le Parthénon, on peut alléguer que c'était soustraire ces chefs-d'œuvre à l'incurie des Turcs, à leur dédaigneuse indifférence pour le beau. Né plus tôt, le jeune royaume des Hellènes eût défendu son bien. Depuis lors, après avoir été le champ de bataille des nations, il est devenu leur champ d'études, et c'est pour l'amour désintéressé de l'art qu'elles y fouillent sans relâche les entrailles du-sol.

A Olympie, un archéologue français jeta les bases des découvertes ; Winckelmann vint ensuite, puis la commission de Morée, Curtius enfin, qui avec l'appui de son impérial élève, le futur Frédéric III, obtint du gouvernement allemand un subside de 800000 marcs et un traité avec la Grèce, à qui l'on garantissait la propriété de tout ce que donneraient les fouilles, hors quelques menus profits dont, en outre des moulages, se sont enrichies les collections nationales de Berlin. Le résultat de six années de travail fut l'exhumation de l'Hermès de Praxitèle, ce chef-d'œuvre dont l'unique tort est la profusion de ses reproductions, de 130 autres morceaux de sculpture d'un grand prix, de 13000 bronzes, de 600 monnaies, de 400 inscriptions, d'un millier de terres cuites, et la reconstitution du plus vaste sanctuaire de l'antiquité. L'Alle-

magne encore a donné les immenses travaux de
Schliemann à Mycènes et Tyrinthe. La Société
archéologique grecque a fouillé l'Attique et
Épidaure, Carapanos a amorcé Dodone.

Dans l'île sauvage de Délos, où, poursuivie
par la haine de la vindicative épouse de Zeus,
après neuf jours et neuf nuits de travail, Latone
enfanta, c'est depuis vingt ans l'Ecole française
d'Athènes qui remet au jour le Hiéron d'Apollon : une soixantaine d'édifices dégagés, de
nombreuses statues archaïques et une collection
épigraphique d'une importance considérable.
Delphes aussi est entre nos mains, et j'étais en
Grèce quand y fut découverte cette statue de
bronze dont il a été beaucoup parlé. J'aurais fait
le voyage pour l'aller voir, si j'avais trouvé à
l'Ecole plus d'empressement à me le faciliter.
Mais ces messieurs ne mettent point à montrer
leurs travaux à des compatriotes la même bonne
grâce que les Grecs à faire aux étrangers les
honneurs de leur pays. Dédain sans doute de
notre incompétence. Et puis ce n'est pas seulement en France que nul Français n'est prophète,
mais même à l'étranger pour les autres Français.
A comparer cette attitude de chiens de faïence
que d'ordinaire ils y adoptent les uns vis-à-vis des

autres, avec la cordiale courtoisie d'accueil de tous ceux qui ne sont pas nos nationaux, je me demande pourquoi sont de mode chez nous les antipathies internationales.

N'en déplaise aux archéologues cependant, tels quels, ce qui reste debout des débris du plus grand art du monde donne aux profanes des émotions inoubliables. A l'extrémité du cap Sounion, le promontoire sacré d'Homère, pointe extrême de la glorieuse Attique, sentinelle avancée de la Grèce continentale vers l'Archipel, au delà duquel s'étend l'Asie, berceau du monde, couronnant la crête du roc rouillé où vient mourir la vague, se dresse, hautaine et mélancolique, la colonnade d'un temple d'Athéna, demeurée d'une éclatante blancheur sur le bleu intense du ciel. Lorsque, revenant par mer de Thessalie, je les ai vues, enveloppées de l'or du couchant, il m'a semblé que c'était l'antique Hellade, souriante et grave dans sa majesté découronnée, mais non déchue, qui me saluait au seuil du jeune royaume des Hellènes.

Rejeton vivace d'une souche vénérable, les Grecs ont un immense orgueil de leur passé, et ils y puisent une robuste confiance dans leur avenir. Ce qu'ils ont déjà fait ne dément point ces espérances. Qu'on y songe : depuis que l'hégémonie grecque, enfin réalisée, sombra avec l'empire d'Alexandre, ce pays avait cessé de vivre une vie nationale. Émanation de l'empire romain, l'empire d'Orient ne lui donna point de personnalité politique. Pendant deux mille ans, toutes les invasions lui ont passé sur le corps, tous les flibustiers et les forbans : Macédoniens, Gaulois et Romains, Goths, Visigoths et Ostrogoths, Vandales et Esclavons, les Normands et les Siciliens, les Barbaresques, les Francs, les Catalans et les Pisans, les Génois, les Vénitiens, les Turcs enfin, demeurés maîtres de ce champ de proie, où ils n'ont semé que du sang et des ruines. C'est le peuple grec qui a secoué le joug musulman, ce n'est pas la Grèce ; il n'y avait pas de Grèce, il n'y en avait pour ainsi dire jamais eu. Son nom ne représentait plus qu'une expression géographique. C'est à l'affranchissement d'une race qu'a coopéré l'Europe, une race chrétienne opprimée par l'Islam, non pas à la libération d'une nation dépouillée de son existence propre, comme l'a été par exemple la Pologne. Les premiers coups de fusil des Souliotes n'ont pas provoqué une résurrection, mais une naissance. C'est pour prix de sa valeur et de sa constance que les puissances ont donné à la jeune nation qui s'affirmait une place parmi elles.

Tout était donc à faire. Pas de capital accumulé, ni matériel, ni moral ; pas de tradition, pas d'éducation, pas d'expérience. Pas même une tête où poser la couronne. Un passé si ancien qu'il n'est plus que de la légende, sans lien avec le présent, qui n'avait derrière lui que des ténèbres sanglantes. D'emblée passer de la passivité de l'esclavage aux responsabilités de l'indépendance. Jusqu'à cette incertitude même de caractère d'un État européen qui demeure un peu oriental. C'est sur ce terrain nu que la Grèce avait à bâtir. Ce qu'il a fallu à ce petit peuple de ressort et de vitalité, pour, en trois quarts de siècle, parvenir où il en est, fait bien de lui le digne héritier de cette éblouissante civilisation qui, après trois mille ans passés sur la face du monde, demeure la source sacrée où s'abreuvent nos lettres, nos arts et notre philosophie.

FIN

TABLE DES MATIÈRES

Châteauroux. — Typ. et Stéréot. A. Majesté et L. Bouchardeau.